権力者 血脈の宿命

安倍・小泉・小沢・青木・竹下・角栄の裸の実像

松田賢弥
Matsuda Kenya

さくら舎

権力者たちが跋扈した永田町の簡略図

目次◉権力者　血脈の宿命

血脈9 小沢一郎 角栄のDNAを受け継いだ秘蔵っ子の裏切り

血脈10 小泉純一郎 知られざる離婚の真相と三男の存在

権力者　血脈の宿命

——安倍・小泉・小沢・青木・竹下・角栄の裸の実像

血脈1　安倍晋三

岸家の血筋で地位確立
危険な「裸のプリンス」

叔父・みずほホールディングス元会長の危惧

「晋三は小泉純一郎総理の靖国神社への参拝について、（小泉総理と同様に）『心の問題だ』という理屈を口にしているが、靖国神社参拝は心の問題ではない。歴史の問題だ。一銭五厘の赤紙（召集令状）一枚で強制的に徴兵されて亡くなった兵士と、戦争を主導したA級戦犯が合祀《ごうし》されている靖国神社への参拝が、国際的に『心の問題だ』という理屈で通用しないことが晋三にはわかっていない」

長身のその男は、いったん口を開くと一気にしゃべり続け、言葉は熱気を帯びていた。口元には微笑みを絶やすことはなかったが、眼鏡の奥の七十三歳の眼はいささかも笑っていなかった。

政治家の靖国神社参拝を批判し、当時の安倍晋三《あべしんぞう》官房長官に『参拝をすべきではない』と異を唱えたこの男は、みずほホールディングス元会長の、二〇〇六年八月一日に急逝した西村正雄（享年七十三）である。一九五五年に東京大学を卒業後、日本興業銀行に入行。九六年に頭取に就任し、第一勧業銀行と富士銀行との統合を実現させ、興銀最後の頭取にして財界の大物だ。

西村は私と会っている時、安倍晋三を「晋三」、あるいは「晋ちゃん」と呼んだ。西村は安倍の父で元外相の安倍晋太郎の八歳下の異父弟《いふてい》だ。晋三にとっては父方の血脈に連なる叔父にあたる。亡くなる直前まで、その叔父が甥の政治姿勢に対し深い懸念を抱き、遺言ともいうべき言葉を私に遺していた。

二〇一四年十二月の解散、総選挙で安倍晋三は大勝した。

二〇〇五年、安倍晋三、五十一歳のとき、「総理の椅子に最も近い男」としてメディアは取り上げた。しかし、果たして本当に宰相《さいしょう》にふさわしい政治家なのだろうか。

私は安倍晋三の選挙区、山口県下関市に何度も足を運んできた。東京駅から六時間近く新幹線に揺られ、新下関駅で山陽本線に乗り換えて二つ目の駅が下関駅だ。下関漁港を見下ろすだだっ広いプラットホームに立ちながら、私はいつも、ある疑問にとらわれた。

安倍晋三という政治家は、いったいどんな人間なのか。どのような境遇に育ち、何を見て、何に怒り嘆き悲しんできたのか。甘いマスクの下に、どのような感情が隠されているのか。メディアが安倍人気を喧伝《けんでん》するのと裏腹に、胸にズシンと響くような政治家としての存在感が伝わってこないのはなぜだろう。彼の本質に迫るため、私は晋太郎の異父弟の西村を再三訪ねた。最後に会ったのは〇六年七月二十八日、西村が亡くなる四日前のことだった。

安倍晋三

最晩年に、みずほフィナンシャルグループの名誉顧問を務めた西村の執務室は、東京駅八重洲口からすぐのビルの七階にあった。どこか人に親しみを感じさせる柔和な顔は在りし日の安倍晋太郎にそっくりだ。西村は薄いブルーの背広を脱ぎ、白いワイシャツ姿になって私と向かい合った。私との会話の中で、西村は晋三の政治家としての資質について、こう語ることがあった。

「晋ちゃんは人がいい。人がいいから、他人に利用されやすい。まだ若いから、苦労が足りない。力のある秘書がいない。晋ちゃんを本当に支えてくれる人間が周りに見当たらない。だから耳触りのいい話しか下から上がってこないんだろう。私が経営のトップにいた頃は、『私に耳触りのいい話は上げるな、悪い話だけを上げてくれ』と言っていたものだ。しかし、晋ちゃんが人の上に立ち、人を束ねていくための鍛錬をしてきたようにはとても感じられない」

さらに、厳しい口調でこうも語るのだった。

「晋三は若いから、格好がいいから、人を集められるから周りに囃《はや》し立てられて自民党総裁選（〇六年九月）に出るのだとしたら大きな間違いだ。若さや格好良さだけで総裁を選んではならない。今、晋三は他の総裁候補を圧倒し、四〇％前後の支持率を得ている。が、私の見たところ、そのうちの半分は晋三の『人気』に集まっているだけなんだ」

麻生《あそう》太郎外務大臣や谷垣禎一《さだかず》財務大臣ら他の総裁候補を抑えて独走状態の晋三が、周囲に諫《いさ》める人材のいない「裸の王様」だと西村は指摘した。いや、「裸のプリンス」と言い換えるべきかもしれない。いずれにしても、西村は晋三に対し、お前は裸だ、このままでは政治家として潰されるぞと警鐘《けいしょう》を鳴らしていたのである。

自民党の「裸のプリンス」

安倍晋三を裸のプリンスたらしめているのは華麗すぎる血脈にあるのではないかと私は考えるようになった。安倍晋三の本質に迫るにあたって、一つだけ確かなことがある。それは彼が生まれながらにして銀の匙《さじ》をくわえてきた男だということだ。

晋三の祖父は元総理で後述するように「昭和の妖怪」と呼ばれた岸信介《のぶすけ》、大叔父に当たる岸の弟は元総理の佐藤栄作。父は元外相の安倍晋太郎で、母は岸の長女・洋子だ。

岸信介と佐藤栄作は実の兄弟だ。

二人の父・秀助は岸家の出身だが、母・茂代の佐藤家に婿養子で入り佐藤を名乗る。その後、信介が「岸信介」と改姓《かいせい》するのは、父・秀助の実家に信介が養子として入ったためだ。（原彬久《はらよしひさ》『岸信介』岩波書店）

安倍晋太郎

岸は終戦後、太平洋戦争のA級戦犯容疑者として逮捕されるが、不起訴のまま釈放。後に政界に復帰し、一九五七年（昭和三十二年）総理に。日米安保条約の改定などに尽力し、その来歴から「昭和の妖怪」と評された。

晋三の兄、寛信は三菱商事中国支社長（当時。現・三菱商事パッケージング社長）で、その妻・幸子はウシオ電機会長の牛尾治朗の長女。岸家の養子に出された弟の信夫は現外務副大臣になっている。そして晋三の妻・昭恵《あきえ》は森永製菓元社長の松崎昭雄の長女と、まさに絵に描いたような華麗なる一族である。

総理の座を目の前にして病に倒れた安倍晋太郎の息子として、晋三は九三年七月の衆院選に初出馬し当選。以後、晋三は一族の系譜から父にも似て「自民党のプリンス」と呼ばれてきた。

二〇〇三年九月、小泉のサプライズ人事によって四十九歳の若さで幹事長に抜擢された晋三は、北朝鮮外交、さらに拉致被害者帰国によってメディアの注目を一身に集めた。〇五年十月に再び小泉の指名で官房長官に就任するものの、北朝鮮外交以外には当選五回の晋三に特筆すべき実績はない。厳しい見方をするならば、晋三が党の要職を歴任し、今の地位に駆け上がってきた力の源泉は、まずもってその血脈にあるだろう。「岸信介の血統」や「安倍晋太郎の息子」と誇示する以外に、自分がどこから来た、どのような人間かを示す自分の言葉を持っているようにはなぜか思えないからだ。

晋三が政治家として歩み始める第一歩も、父の威光があってのものだった。西村が晋三の初当選当時を述懐する。

「九三年に晋三が初めての選挙で出馬した時、私は下関まで応援に行った。晋三はモヤシのようにか弱い身体つきの男だった。以前から竹下登元総理は私に、『晋三君のことをよろしく頼む』

と言っていた。竹下さんと兄・晋太郎は本当に深い仲で、晋太郎亡き後、竹下さんは晋三の親代わりの心境だったのかもしれない。

選挙戦では竹下の名代《みょうだい》として小渕恵三《おぶちけいぞう》自民党幹事長が来てくれた。竹下さんは『東京佐川急便五億円ヤミ献金事件』（九二年）の影響から、『ワシが応援に行くとまずかろう。迷惑がかかるから』と言ってな。自民党を挙げての応援もあって投票日、晋三の当確は早く出た」

西村は時にブラインドの下りた窓に目をやり、ポツンと呟いた。

「選挙戦の最中、私は地元の銀行や宇部市の工業地帯を駆け巡った。私が住民と握手すると、涙を流して泣き出す人もいてな。私が兄・晋太郎に似ていたからだろうな……」

安倍晋太郎と西村正雄。晋太郎の父・安倍寛《かん》は一九三七年（昭和十二年）に衆院議員に初当選。戦時中は、当時の総理、東條英機の軍拡路線に反対し、軍部や特高警察から執拗に睨《にら》まれていたという。四二年の翼賛選挙では大政翼賛会の推薦を受けずに戦い、当選している。母・静子は山口県出身の陸軍大将・大島義昌の孫娘だった。

両親は二四年（大正十三年）に晋太郎が生まれてすぐに離婚。その後、静子は横浜庄内銀行に勤める西村謙三と再婚し、三二年（昭和七年）に生まれたのが正雄だった。静子は三六年（同十一年）に結核で死亡している。

晋太郎の父・寛は終戦の翌年（四六年）に死去した。晋太郎は若くして天涯孤独の身になったのである。

西村が異父兄・晋太郎と巡り合うのは七九年五月、晋太郎五十五歳、西村四十六歳の時だった。場所は東京・虎ノ門のホテルオークラ「桃花林《とうかりん》」。西村は西村家の戸籍謄本一通を持ち、晋太郎は一枚しかない両親の結婚写真を手に携えていたという。大きな体軀《たいく》を曲げた晋太郎が初めて母・静子の墓にひざまずいたのは、その一カ月後のことだった。

西村はいつも応接テーブルの端に晋太郎の追悼集『安倍晋太郎　輝かしき政治生涯』を置いていた。

「私はこの年になって最後の役目は、私の戦争体験を若い人たちに伝えることだと思っている。終戦の年、広島、長崎には原爆が投下され何十万人の民間人が死んだ。沖縄では『ひめゆりの塔』に象徴されるように、年端もいかぬ数多くの女学生が自害した。狂気の戦争だった。

もし、八月十五日に昭和天皇のご聖断がなければ、本土は沖縄のように修羅場と化し、再び原爆が投下されて日本民族が滅びていただろう。今の若い人は日本の戦争責任についてあまりに無関心だと思えてならない」

西村自身が「生涯で最後の役目」とこだわるように、私との話は決まって太平洋戦争と日本の戦争責任に及んだ。西村のなかでは戦争は決して終わったことではなかった。

ましてや、異父兄・晋太郎の息子である晋三が靖国神社への参拝に同調していることは、西村にとって承服しがたいことだった。

「日本の軍部はあの戦争で他国を侵略し、無差別に民間人を殺した。その事実を消すことはできない。戦後六十年となる〇五年八月十五日には、小泉首相の談話として『我が国は、かつて植民地支配と侵略によって、多くの国々、とりわけアジア諸国の人々に対して多大の損害と苦痛を与えました』と表明している。

晋三は靖国神社参拝へのアジア諸国の反発に対し『心の問題だ』と言っているが、侵略は侵略だ。犠牲者が三〇万人だろうが、三〇〇万人だろうが、一人だろうが侵略は侵略だ」

靖国参拝と富田メモ

二〇〇六年七月二十日の日本経済新聞は、〈A級戦犯　靖国合祀　昭和天皇が不快感／参拝中止「それが私の心だ」　元宮内庁長官　88年、発言をメモ〉と報じた。内容は、元宮内庁長官・富田朝彦《ともひこ》の二十数冊の手帳に記されたメモによると、昭和天皇がA級戦犯の靖国神社合祀に強い不快感を示し、

〈だから私（は）あれ以来参拝していない。それが私の心だ〉

と富田に語っていた。昭和天皇は七八年のA級戦犯合祀以降参拝しなかったが、理由は明らかにせず、「A級戦犯合祀が原因ではないか」という見方が裏付けられた、というもの。

晋三はこの日夕方の記者会見で、「天皇陛下のお言葉、陛下を政治利用してはならない」との談話を残している。

私が最後に西村と会った時、話題は自然と「富田メモ」に及んだ。

「これ（富田メモ）で決着がついた。昭和天皇はA級戦犯の靖国神社合祀に反対していたから、参拝しなかったのだ。天皇の歴史認識は正しい。晋三は『富田メモ』について、『政治利用すべきじゃない』と言っているが、それはそれでいい。では、晋三は総裁候補として靖国参拝をどうするのか、態度をはっきりと打ち出すべきじゃないか」

晋三は、「次の首相と私は靖国神社に参拝すべきだと考えている」（〇五年五月二日）と発言しているように、靖国参拝を念頭においた政治家だった。ところが、総裁選が近づくや、靖国参拝を「心の問題」にすり替え、立場をあやふやにしている。そんな晋三の政治家としての資質を西村は疑っていたのだ。私には西村が、晋三の総理の器について訝《いぶか》っているようにさえ思えてならなかった。

西村は晋三に手紙を出したことにも触れた。西村によると、手紙にはこのように綴ったという。〈偏狭なナショナリストと離れろ。世間では『戦争好きの安倍が総理になったら、中国や韓国との関係が悪くなる』という見方がある。靖国神社の付属施設『遊就館《ゆうしゅうかん》』では、大平洋戦争はルーズベルト米大統領に騙された陰謀だというビデオが上映され、戦争を美化し正当化しているのだ。

「リメンバー・パールハーバー」の精神が生きている米国でも、靖国神社は軍国主義の社と捉えられている。国家を誤らせる偏狭なナショナリストとは、一線を画すべきじゃないか〉

西村は執務机から一枚のコピーを持ってきて、私に読み聞かせるのだった。

「西ドイツの大統領・ヴァイツゼッカーが八五年の演説で、『過去に目を閉ざす者は結局のところ現在にも盲目となります。非人間的な行為を心に刻もうとしない者は、またそうした危険に陥りやすいのです』（『ヴァイツゼッカー大統領演説集』岩波書店）と言っている。この言葉を決して忘れてはならない」

西村は亡くなる間際まで、悲惨な戦争の実態が風化して、美化されることへの危惧を抱いていた。そして、晋三の靖国神社参拝に異を唱えていたのだ。

晋三は、西村の手紙と亡くなる直前の言葉から何を感じ取るのか。晋三の周りには、西村のような晋三の危うさに苦言を呈してくれる存在は一人としていないだろう。西村正雄という叔父を失ったことはいつか、晋三に取り返しのつかない痛手になるのではないだろうか。

母・洋子は政界の「ゴッドマザー」

安倍晋三の存在を問うとき、母で岸信介の長女・洋子の存在を欠かすことはできない。洋子こそ岸家と安倍家の名門との血筋を繋ぐ結び目にいて、八十六歳の今もって両家の血筋を絶やさぬことを常に念頭に置いて生きている。いわば、政界の「ゴッドマザー」ともいうべき女性で、彼女のような「権力の女」は他にいない。

洋子の来歴をざっと辿ってみよう。

洋子にとって、父・岸信介が自身の全てであった。洋子は、岸が一九四五年にA級戦犯容疑者として逮捕された時、岸の郷里、山口県田布施《たぶせ》町に疎開していて白百合高等女学校（現在の白百合学園）修了直後の十七歳だった。その後、岸は不起訴となって政界復帰を果たす。五七年に総理の座に就くと、一九六〇年に安保条約改定を強行。その責任をとって退陣した後も、「憲法改正」を宿願にしつつ政界に隠然《いんぜん》たる力をふるった。その姿に強い印象を抱いた洋子は、後に「自民党をつくったのは私の父だ」という信念を持つに至る。

一方で岸は、洋子の夫に当時毎日新聞の政治部記者だった安倍晋太郎を選んだ。岸家には、洋子と七つ離れた長男・信和（現在九十三歳）がいるが一時岸の秘書を務めるも結局、政治家を断念している。幼い時に小児麻痺を患った彼の身体が不自由だったことが遠因だ。信和の妻は山口県議会元議長・山辺護の娘・仲子だ。いわば晋太郎は、安倍の苗字を持つとはいえ、岸家にとって政治家一族の血筋を繋ぐ女婿《じょせい》と言っても不思議ではなかった。後に息子の晋三が晋太郎よりも、岸信介の血筋や功績を重んじる理由はそこに由来する。

「晋太郎はよく『俺は岸家に入ったのではない。俺は安倍家だ。父は安倍寛だ』と憤っていた。

晋太郎は岸信介の影響力を排除したかったのだろう。だが、岸信介の後ろ盾がなくては選挙を戦いにくかったのも事実だ」

晋太郎の元側近はこう語った。晋太郎の父・安倍寛は終戦の翌年（四六年）、心臓麻痺で郷里の山口県油谷《ゆや》町（現・長門市）で急死。母・静子が、晋太郎が生まれてすぐの一九二四年に寛と離婚したことは前述した。寛の死後、縁故を頼って苦学した晋太郎が安倍家の血筋にこだわり、守ろうとした理由はそこにある。洋子はこう述懐している。

「後年、（晋太郎の）政界入り前後の頃に、演説会などでよく『岸信介の女婿』と紹介されたのですが、主人は愉快ではなかったろうと思います。『安倍寛の息子』と、小さくつぶやいていたのですから……」（安倍洋子『わたしの安倍晋太郎』ネスコ）

総裁の座は安倍の悲願だった。

竹下、安倍、宮沢喜一《きいち》の三人は早くから「自民党のニューリーダー」と呼ばれていた。安倍は自民党の派閥の一つで、岸信介を源流に福田赳夫《たけお》に連なる清和《せいわ》政策研究会（清和会）のプリンスとして八六年同会の領袖《りょうしゅう》を継承していた。一方、竹下は角栄率いる田中派から独立し経世会《けいせいかい》を旗揚げした。

八七年の自民党総裁選は、中曽根康弘による「中曽根裁定」により総裁が指名されることになった。その結果、中曽根は竹下、安倍、宮沢の三人の中から次期総裁に竹下を指名する。安倍はその四年後の九一年、ガンのため死去し総裁の椅子はかなわぬ夢となった。

マザーコンプレックス

一方で晋三は、岸信介が総理に就いた時にわずか三歳に過ぎなかった。岸が執念を燃やし、世情を騒然とさせた安保条約改定時は六歳だった。悲願の自民党総理総裁の座に就けず逝去した晋太郎の後継となった晋三の、岸信介を慕う原体験が幼い時期に形成されたと言える。つまり、岸信介の「生き証人」というべき洋子が噛んで含めるように岸信介の功績を伝えたことが、のちの晋三の人間形成につながった。晋太郎の元番記者はこう語る。

「晋三が父の晋太郎ではなく、祖父である岸信介の遺影を官邸に飾り、岸がなしえなかった憲法改正を目標にしているのは少しでも洋子の気持ちを慮《おもんぱか》ってのことですよ。

晋三が幼い頃、洋子は岸信介や晋太郎の選挙などを支えるために駆け回り、家を空けがちだった。晋三は『母のいない家庭』に育ったようなものだから、本当は洋子の愛情を人一倍欲していたんです。

当時、晋三は『お祖父ちゃん（岸信介）のことを褒《ほ》めれば、お母さんが喜ぶ』とよく言っていたそうです。しかし、岸信介が総理の座に就いた時、晋三はわずか三歳。いくら当時の南平台《なんぺいだい》（岸の邸宅）に通っていたといっても、総理だった実の岸信介の本当の姿をほとんど覚えていないでしょうが」

岸信介を慕い敬うことは、とりもなおさず洋子の歓心を引き寄せることでもあった。晋三が政治家の地歩を固めてきた原風景には洋子へのマザーコンプレックスともいうべき体験が根ざしているのかもしれない。

弟・信夫の出馬という難題と異母兄弟の存在

晋三に難題が立ちはだかったのは二〇〇二年頃のことだった。

洋子は晋太郎との間に三人の男の子をなした。前述したように長男・寛信は三菱商事の中国支社長（現・三菱商事パッケージング社長）を務め、次男は晋三だ。寛信は若くして自分から「政治家には向かない」と晋太郎の後継を断念していた。意外に知られていないのが、生まれてすぐに岸家の長男・信和、仲子夫妻の養子に出された三男・岸信夫の存在だ。信夫は現在、外務副大臣だが、住友商事から政治家に転身するのに晋三は兄弟にもかかわらず不服だった。信夫の立候補に洋子の影が横たわっていたことも一因だった。

山口県田布施町にある岸信介の実家に洋子が姿を現したのは、参院選を一年後に控えた〇三年夏のことだった。実家には岸信介縁《ゆかり》の県議、町議ら地元有力者約二〇人が大きな卓袱台を囲んで座っていた。洋子は上座に背筋を伸ばして正座し、大きな目を見開いてこう語ったという。

「実は安倍晋三の弟に信夫がいます。信夫は生まれて、まだ小さかった時に岸家に養子に出しました。このほどその信夫が政治家を志すことになりました。どうかと思ったけれど、本人が『どうしても政治家をやりたい』と言い張る。そこまで言うならと国家と岸の郷里のために働かせることにしました」

洋子が、息子の信夫に代わって参院選への出馬を表明したのだった。出席者の一人が言う。

「その場にいた人の中には、晋三に弟がいて、その弟が岸家の長男夫婦に育てられたことを初めて知って驚いた人もいた」

前述したように、岸家の長男・信和は足が不自由なことが遠因となり政治家の道を選ばなかった。そのため、八七年の岸信介の死後は政界で岸家の直系は出ていない。長い空白を経て後継者に名乗りを挙げたのが、岸信介の直系の孫・信夫だったのである。洋子にすれば、信夫こそ岸家の復興を託す子だったにちがいない。

信夫は、慶応大学に入るまで自分の生みの母が洋子で、晋三と寛信の実弟（三男）であることを知らなかったという。ところがその晋三は、信夫の出馬に異を唱えてやまなかった。

「信夫は選挙に出しません。政治の世界は厳しい。信夫には子供もいて家庭がある。会社を辞めるなんてけしからん」

晋三の剣幕を前にしながら、岸の元側近はこう諫めたという。

「信夫が選挙を有利に戦うために、『安倍晋三』の名前が入った名刺を持たせてやってくれないか。信夫は血を分けた兄弟じゃないか」

その元側近はこう述懐した。

「信夫は〇二年に住友商事を辞めて、岸信介の生家がある田布施町に突然、やって来た。そして、『政治家になりたい』と切り出した。自分が岸信介の後を継ぐというわけだ。私は『誰かに相談したのか』と聞くと、信夫は『誰にも相談せずに決めた』と言う。しかし、私は洋子に相談しないで決めるはずはないと直感した」

洋子の影だ。彼女は、「子供は養子に出すべきじゃない」と言うのが口癖だったという。

一方、晋三にとって信夫の出馬は承服し難いものだった。晋三はそれまで、「岸信介の孫」として、一人で岸のブランドを独占してきた。「昭和の妖怪」の後継者であることを誇示することで、政治家として取り立てて実績のない二世議員の晋三が、ここまで地位を築く「力の源泉」になった。岸信介の直系である信夫が出ればその力のバランスが崩れざるを得なかった。

しかし、晋三が洋子に抗《あらが》えるはずはない。結局信夫は参院選で当選後、衆院に転出し前述のように外務副大臣に就いた。山口県の四選挙区のうち二つを岸信介の血筋で占めたのである。山口の岸信夫後援会関係者は言う。

「洋子さんは、信夫を自分の手で育てなかったことをしきりに悔やんでいました。彼のことが不憫なのか、選挙の時には信夫に付きっ切りになり、岸信介の実家に入って選挙区を応援に巡っていた」

本来なら洋子はいくら腹を痛めた子の将来を案じるとはいえ、政治家の血筋を巡る岸家の内情に口を出すべきではなかったのかもしれない。産みの親は異なるが信夫の育ての親は岸信和、仲子夫妻で、両親共に信夫が政治家になることに反対だったからだ。洋子が岸夫妻に拭い難い痼《しこ》りを残したことは否めない。

今、洋子が片時も忘れず気にかけているのは晋三の後継者問題だ。晋三と昭恵夫人との間には子供がいない。一方、晋三の兄・寛信と弟・岸信夫には共に二十代前半の長男がいる。岸信介から連綿と続いた血筋の四代目を誰にするのか、は家長というべき洋子の胸三寸にかかっているだろう。晋三は、「自分が岸信介の遺志を継ぐ」と言わんばかりに憲法に風穴を開ける集団的自衛権行使の解釈改憲に乗り出したが、洋子はいまだ晋三が岸信介を超える器と見ているとは思えない。

実は晋三には、腹違いの弟がいる。私は二〇一四年九月に、彼に会うことができた。安倍総理の父親・安倍晋太郎と深い仲になったある料亭の女将の男の子だ。

三十年前の話だ。その料亭には、晋太郎をはじめ、彼を慕う通産官僚らも数多く出入りしていた。その女性が男の子を産んだのである。当時、晋太郎はまだ自民党政調会長で、息子の晋三は神戸製鋼の新入社員だった。

彼女は女手一つでこの子を育てた。その息子は現在、東京の大学で教鞭を執っている。権力者の血脈にはこのようなことが多々あるが、これも安倍家の一つの闇といえよう。

家庭内野党の夫人「アッキー」

いまや、「アッキー」のニックネームで親しまれる昭恵は、総理夫人という枠を取り払ったかのような奔放な振る舞いで知られるようになった。

安倍夫人・昭恵（五十二歳）が安倍家に嫁いだのは二十八年前の一九八七年。昭恵の両親は、共に一八九九年（明治三十二年）創業の森永製菓の社長の末裔である。

一方、安倍家の長男・寛信もこの年に結婚し、相手はウシオ電機会長・牛尾治朗の娘だった。ここにも閨閥の一族が顔を覗《のぞ》かせる。

「主人と私は別人格。心の底から正しいと思ったことを発信していく」

昭恵はこう「妻の自立」「女の自立」を説き、自ら福島第一原発周辺の帰還困難区域に足を運び、夫の目指す原発推進に異を唱える。また、東日本大震災の被災地の巨大防潮堤建設にも疑問を呈する。

その一方で、東京・神田のひっそりとした路地裏に二〇一二年秋から居酒屋をオープン。自ら店頭に立ち、経営者として消費税に首を傾げ、自らの役目を「お客さんの本音を引き出すこと」と笑う。

昭恵は、「週刊現代」（二〇一三年十二月二十一日号）誌上での私のインタビューの中で自分の考えを告白している。原発再稼動問題では、こう語った。

「もし、もう一度事故が起きれば、日本は終わってしまうと思うんです。以前、福島第一原発の二十キロメートル圏内にも行きましたが、これだけの広範囲に未だに誰一人入ることができないという状況は、やはり普通ではないと感じました。

原発周辺から避難して来られた方々とお話ししたとき、原発誘致の恩恵を受けていた方が、お孫さんに『おじいちゃん、やっぱり人間がコントロールできないものを作っちゃいけなかったんじゃないの』と言われ、何も言えなかったと話していました。もう子どもたちにそんな思いをさせてはいけない。

子どもを持つお母さんたちは不安とストレスを抱え、風評被害は収まらず、除染も進まない。そんな状況で『原発は安全で、しかも安い』と言われても。何か起きてしまえば莫大なお金がかかるわけですから、安いとは考えられません。再稼動しなければ赤字がかさむということは理解しているつもりです。でも、できるならば、政府には原発より省エネや新技術の開発にお金を投じてもらいたいと思っています」

昭恵の歯に衣着《きぬ》せぬ発言は、安倍総理が帰る東京・富ケ谷《とみがや》の私邸でも収まらないようで、自他共に「家庭内野党」と称す。

「（居酒屋開業を）義母（洋子）だけでなく主人も、そんなに賛成ではなかったと思います。『政治家の妻が居酒屋をやるなんて』という批判があったんじゃないですか。私は悪いことをしているつもりはないし……」

「『家庭内野党』という私の発言、批判されると思ったんですけど、意外にも『家庭内野党、頑張れ』という声をたくさんいただいているんです。ああ、ご主人に意見があっても言えない女性、妻はこうじゃなきゃいけない、と枠にはめられて鬱々《うつうつ》としているんだな、と思いました。

私の真似をして、夫に反旗を翻《ひるがえ》す女性がどんどん出てくるのも困るんですが（笑）、ご主人のことを支えるのは当然としても、やはり妻には妻の意見があったってぜんぜん構わないと思っています」

結婚前、昭恵が安倍総理と付き合っているとき、昭恵が「総理になったら何をしたい？」と聞いたら、総理は一言、「憲法改正」と言ったという。

「私はもう、『憲法改正』がどういうことかもよくわからなかったので、当時は、はあ、と右から左に抜けてしまっていたんです。でも主人が二度目の総理になったあと、そのときのことを思い出しました。（今なら、「憲法改正」の意味が）そうですね、分かるような気がします」

昭恵の口振りには熱がこもっていた。

時代は変わったのかも知れない。何より女性の中には昭恵のように「自由な嫁」という生き方を受け入れている人が少なからずいるようだ。しかし、昭和（昭和三年生まれ）を代表する政治家の娘として厳格に育てられてきた義母・洋子に、昭恵のような生き方を許容せよというのは無理な話だろう。

血脈2

竹下　登

――暗黙の箝口令
知られざる前妻の死

竹下登の生い立ち

竹下登という男はどのような過去をもっているのだろうか。総理になるまでの竹下の人格形成の原風景を追い、彼の出身地、島根県飯石《いいし》郡掛合《かけや》町（現・雲南市）に足を踏み入れたのは一九九二年末のことだった。

掛合町は出雲市から車で一時間はたっぷりとかかる。

掛合町から山越えをした先には、松本清張の原作で映画にもなった『砂の器』の舞台、ＪＲ木《き》次《すき》線・亀高《かめだけ》駅の村里がある。

出雲市の近郊をゆったりと流れる斐伊《ひい》川の沃々とした流れは宍道湖《しんじこ》に繋がっていて、川を支える土手を南下すると、途中で国道五四号線にぶつかる。さらにその道路を真っすぐに走ると、隣の広島県に繋がる。

掛合町までは途中の加茂《かも》、木次、三刀屋《みとや》町（いずれも現・雲南市）などの集落や、マツ、クリ、スギなどがうっそうと立ちはだかった山間《やまあい》が続く。掛合町に近くなると、峠を越えるかのようにして隧道を四つもくぐる。隧道を抜けると、ものの五分もかからずに竹下の実家・造り酒屋の竹下本店に着く。

実家は旧街道のなだらかな坂の途中にあった。二階建ての住居は板塀《いたべい》に囲まれて、日中でもさほど日がささないのか、どこかひんやりとした雰囲気が伝わってくる。隣接した酒蔵のわきには竹下本店の醸造酒「出雲誉《いずもほまれ》」の板箱が乱雑に積まれていた。蔵の瓦や壁はところどころ朽ちていたが、そこに「大衆」（出雲誉の旧酒名）と大書された文字がやけに目立った。

この実家で父・勇造、母・唯子の長男として登が出生したのは一九二四年（大正十三年）二月。それから十二年後の三六年、登は松江中学に進み、いったんは実家を後にする。四二年、早稲田第一高等学院に入学し、二年後の一九四四年八月には陸軍特別操縦見習上官に志願、軍隊生活に入った。実はその直前の四四年三月、登は早大の同級生で加茂町出身の竹下宇右衛門の妹・政江と最初の結婚をしている。登が二十歳、政江が十九歳の時だった。

したがって新婚生活わずか五カ月にして登は軍隊に徴用され、政江は実家に残されたことになる。そして四五年に登は復員してくるのだが、政江の姿は既に竹下家になかった。その年の五月、政江は終戦の知らせを聞くこともなく他界していたのだった。病名は口伝てに肺炎といわれた。

竹下　登

——これまで公表されてきた評伝などのプロフィールにはこのように記されている。ちなみに、今回の取材でわかったのだが、前妻・政江は登の戸籍には結局、入籍されることがなかった。それにしても、おおやけには肺炎が原因とされる政江の最期だが、果たしてそれが死に至る原因だったのか。実は不可解なことだが政江の最期はナゾに包まれていたのである。そればかりか、地元では古くから自殺説すら飛び交っていた。

登は戦後、地元青年団活動を経て五一年、県議に当選し、五八年、中央政界に転身。八七年に総理の椅子に座るのだが、その直前に「前妻・政江は自殺している」との怪文書をバラまかれたことがある。実際、自殺の噂はいまでも消えていなかった。いったい、知られざる真相はどこにあるのだろうか。山奥の一寒村にすぎない掛合町で何が、どう語り継がれてきたのだろうか。

前妻の死の真相

取材は難航をきわめた。五十年近くも前の竹下家を知りうる地元民となればおのずと六十歳から七十歳代の年輩に限られてくる。私は療養中の老人を夜遅く薄暗い病室に訪ね、また山奥まで凍《い》てついた雪道を何度も転んで歩きながら、かつて竹下家の近隣にいた古老らの記憶の糸をたぐりよせていく作業を続けた。

そのようにして知った四十八年後の真実は漠然と予期していたことではあったが、大半が「前妻・政江は自殺したと聞いている」という話に終始した。人口約四五〇〇人の過疎の町である。何らかの為にする根拠に乏しい噂ならとっくの昔に打ち消されていたはずだ。消えることなく真実味を帯びるようになったのは、政江の「自殺」当時から竹下本店に出入りしていた業者、通いの番頭、それに辞めた女中らの口伝てで近隣に漏れ伝わったからである。

さらに、政江の自殺前後の一九四四年から四六年、終戦前後の竹下家には異変が立て続けに起こっていることもわかった。ざっと記すと、政江の死（四五年五月）より二カ月前の四五年三月には登の実母、唯子が病死。そして、四六年二月、父・勇造は後妻、恕子と再婚するのだが、そのわずか一カ月後の同年三月に今度は登が後妻となる直子と再婚している。

一方、登と直子の長女・一子が出生したのは再婚から四カ月後の四六年七月だった。逆算すると、政江の死から五〜六カ月後の四五年十月ごろに懐妊したことになる。

このように絡み合った竹下家の血縁を解き明かしてくれたのは、古老らの証言だった。当時、竹下家のごく近くに住み、同家に出入りをし、女中たちの苦情の相談にも乗っていたある古老はこう語る。

「竹下登の父親の勇造は、出雲市の印刷会社の次男坊やわ。大学時代に、たしか早稲田だったと思うが、竹下家に養子に来たんだわ。戦前は、この村に戻ってきてから、村の守護隊長をやっとったわ。この村におれば、弾に当たらんからね。

昔、この掛合の村にも置屋《おきや》があってのう、酌婦《しゃくふ》も芸者もいた。酌婦は、酌はしても三味線は弾かん。その分安い。当時、芸者が一時間一二〇円やったら、酌婦は六〇円くらい。そうしたもんが、ここにおった。というのも掛合町は昔、郡役所の所在地やったから。飯石郡の総本部みたいなもんで、それで各町村から長が集まり、竹下の酒も出た。四四年ごろ、竹下本店には女中が四人ぐらいおったがね」

　古老は、淡々と続ける。

「四八年ごろの女中の一人は、慰謝料をもろうてるわ。ごつい女やったけどね。そいつに『お前、辞めるがね？』と言ったら、『ええ』『いつ、辞めるがね？』ちゅうたら、『嫁入り一切（の費用を）もらうまではな』と言うとった。そのうち『話がついたから、辞めるわ』と言うて、辞めていったわ。

　勇造にとって家へ嫁いでくる嫁は他人じゃけん。政江は思いあまって、軍隊生活を送る登のところへ勇造の人に言えない行状を言うために訪れると、『帰れ』と叱られ、加茂町の実家に帰れば同じように叱られ、煩い悩んで自殺したのではないか。田舎はね、出戻りは『よう、辛抱しない』ということで家の恥。女の格も一つ下げる。嫁に行ったら、そこが死に場所。夫からどんなに虐待されても、『お前の死に場所は、向こうしかないんだぞ』と実家から言われる」

「登の母の唯子は当時、『不治の病』と言われた結核だった。が、唯子は寝たきりでもなかった。姿を見ることもあったけんど、登によう似た背の小っさいねえ。腰も低く、愛想も良かった。誰かれと分けへだてなく挨拶をして、いい人だった……。勇造は陸軍大尉やからねえ。県議や村長もやって、在郷軍人会ではえばっていたもんだわ。いつも堂々と歩いておった」

終戦前後の竹下家の過去

二階建ての竹下家の中は旧家だけに広かった。一階は右側に土間。奥に台所、居間、仏間などが続き、母屋の裏側に、老人の隠居用につくった女中部屋、右側の奥に蔵があった。勇造はほとんど毎夜のように「火の用心」で歩いていた、と勇造の旧友は語る。

「男といえば、勇造しかおらんようなもんじゃったけん。万が一、火事になって蔵の酒が町中に流れ出たら、掛合の町なんかひとたまりもないからと、勇造が『人に任せられん』と言うて自分で『火の用心』のために屋敷内を巡っとった。それは『火の用心』のために蔵をまわるだけでなく、母屋から離れた女中部屋で休んどる女中らを見まわることも目的だった。『戦中戦後、一回も欠かしたことがない』と、本人は言うとった」

勇造の女好きは当時、有名な話だったようだ。が、反面で陸軍上がりの豪放磊落《らいらく》な性格も持ち合わせていて、男の甲斐性と見逃されるような時代の風潮があったことも否めない。無論、今の時代と同一に論ずることはできない。が、竹下の前妻であった政江という十九歳の女性が「自殺した」という噂が、半世紀近くにわたって語り継がれているということ自体、竹下の人格形成に少なからぬ暗い影を落としたのは否定できないだろう。

終戦直後、竹下家まで自転車でジャリ道を一時間もかけて走り、勇造と「戦後の日本はどうあるべきか」という議論を交わしたという木次町の元町議は療養中の病室でこう語った。

「政江の自殺と勇造にまつわる竹下家の噂は誰でも知っていますよ。でも結局、知っていても言わんようにせんと、竹下は口を黙らせようとするから。真相を言えないまま自殺した竹下の金庫番・青木伊平《いへい》（元秘書）をも自殺に追い込むような人間ですから。

勇造は酒が強く豪傑肌で、口角泡を飛ばして、二時間でも三時間でも話す男だった。国粋主義的な職業軍人で、人と接する時は、人情を重んずる人間でした。勇造のことを登は別に恨んではいないでしょう。それよりも、そのことによって父親に借金を背負わせたような気持ちでいたのではないか」

実際、掛合町で終戦前後の竹下家の過去について暗黙の箝口令《かんこうれい》が敷かれていた。

「政江の自殺のことは、地元じゃあ有名な話だったけどえ。登側が箝口令で抑えたんやわ。しゃべると、もう絶対に叩かれるわ。土建業者だったら、もう商売にならんですわ」（元村長）

それでも、元村長が初めて口を開いたのは、青木伊平の死を偲ぶ気持ちからだった。

「わしゃあ、本当に伊平君に世話になった。この間の証人喚問で伊平君の話が出ても、登はソッポを向いて、『可哀相なことをしました』という謝罪の一言もなかった。それで、わしゃあ頭に来た。愛情がない、登は。もう優しさがない。口の先だけで上手に言うなら誰でもできる。島根で伊平君の世話にならんかった町村長はおらんとですよ。じゃけん、本当に悔しかった。登は、がむしゃらなカネ集めしか頭にないのか。登はわしにいつも、『総理にならんとカネはたまらん』と言うとった。わしはもうたまらん』

　彼は七十歳余のしわだらけの顔にうっすらと涙を浮かべ吐き出すように語るのだった。国道五四号線は終戦前後、雨が降るとぬかるみだらけの泥道だった。木炭バスが走っていて、それに乗ると掛合町から政江の実家のある加茂町まで一時間はかかった。十九歳の政江は、隧道すら満足になかったその険しい山道と峠を、いったいどのような心持ちで越えていったのだろうか。

　竹下は一九九二年の衆院予算委員会の証人喚問で八九年四月二十六日、東京・代々木の自宅マンションで自殺した秘書・青木伊平の最期に触れ、こう吐露した。

「私という人間の持つ、一つの体質が今、論理構成されたような悲劇を生んでいるというのは、私自身かえりみて罪万死に値するということ……」

　罪万死に値する――。その言葉だけでは決してかたづけられない、竹下登の過去が地元から噴き出していた。

血脈3　青木伊平

――竹下に生き竹下に死んだ大物秘書の無念の最期

竹下総理辞任直後の自殺

竹下登総理の金庫番で大物秘書の青木伊平《いへい》が五十八歳で自殺したのは一九八九年四月のことだった。地元紙『山陰中央新報』(八九年四月二十七日付)は、自殺の現場をこう報じている。

〈(四月二十六日)午前十時すぎ、東京都渋谷区代々木四―二二―一、ニュー代々木マンション六〇一、青木伊平方六畳間の寝室で、青木氏が首をつっているのを妻の令(れい)さん(五三)が発見した。渋谷消防署員が駆け付けたところ青木氏は既に死亡していた。

代々木署の調べによると、青木氏は、左手首を切った上、ネクタイと腰ひもをつなぎ窓のカーテンレールに掛け、首をつっていた。まくら元には血のついたカミソリがあった。青木氏はパジャマ姿でダブルベッドを背に、座り込むような格好で死んでおり、左腕の十七カ所にカミソリ傷と思われる跡があったことなどから同署は、カミソリで手首を切ったが、死に切れず、ベッドからずり落ちるようにして首をつって自殺したとみている。死亡推定時刻は二十六日午前八時半〉

当時はリクルート事件の渦中だった。

リクルート事件が表面化したのは一九八八年六月。リクルート社が川崎市助役に対し、値上がり確実な不動産会社リクルートコスモス社の未公開株を譲渡していた疑惑が端緒で、そこからリクルートの政界工作が疑惑の焦点になった。

まず、副総理と大蔵大臣を兼任していた宮沢喜一が未公開株を受けていた疑惑を巡り、宮沢は

「秘書が、秘書が」などと責任逃れの答弁をし、辞任に追い込まれた（八八年十二月）。リクルートコスモスの未公開株譲渡のリストには派閥の領袖《りょうしゅう》クラスやその秘書の名前が続々と挙がり、その筆頭格は中曽根康弘周辺だった。

竹下は八九年四月、衆院予算委員会で竹下自身と周辺に対しリクルートグループからの政治献金やパーティ券購入などが、八五年から八七年にかけて総額一億五一〇〇万円にのぼることを公表。竹下は「政治的、道義的責任を痛感している」と釈明した。しかし、野党側は「（リクルートからの提供は）これで終わりと断定できるか」と迫り、竹下は「神様ではないから、あとから何が出てくるか非常に申し上げにくいが、今後出てくることはないであろうと確信している」と述べた。

これが命取りになった。新たな献金の事実が露見したからである。

「竹下首相の元秘書名義で江副から５０００万円借金／62年の総裁選当時　竹下事務所『数カ月後に返済』」（朝日新聞夕刊八九年四月二十二日付）

青木伊平

内容はこうだ。八七年、当時総理だった中曽根が自民党総裁任期満了のため、十一月に政権の座から降りることがほぼ確実になっていた。このため、中曽根後継を目指す竹下幹事長、宮沢喜一大蔵大臣、安倍晋太郎総務会長（肩書は当事）の三人が総裁選に向けた準備を進めていた。五〇〇〇万円はこの総裁選の資金調達と見られ、リクルート前会長・江副浩正《えぞえひろまさ》個人から借り入れた際の名義は青木伊平だった、というもの。

竹下はこの報道から三日後の四月二十五日、リクルート事件をめぐる政治不信の責任を取って辞任を表明する。

青木伊平の自殺はその翌日のことだった。

竹下はこの日、東京の青山葬儀所での自民党田中派幹部の元農林大臣・亀岡高夫の葬儀に参列した後、日商名誉会頭の五島昇《ごとうのぼる》の葬儀参列のため東京・芝公園の増上寺に向かった。

〈その五島の葬儀の最中に一枚のメモが竹下に渡された。竹下の顔は見る見るうちにこわばった。腹心中の腹心だった秘書青木伊平の死だった〉（後藤謙次『ドキュメント平成政治史1』岩波書店）

リクルートの資金提供の大半は伊平個人の名義で、伊平は連日、東京地検から事情聴取されていた。

自殺の数日前、伊平は経世会（竹下派）会長の金丸信《かねまるしん》を訪ねている。

経世会は自民党にあった派閥。竹下登、金丸信らが、自民党を離党しながら「闇将軍」として陰然たる影響力を持つ田中角栄に反旗を翻《ひるがえ》し一九八五年、田中派に派中派、創政会《そうせいかい》を結成。これを母体に八七年、田中派から正式に独立し竹下を会長とする経世会を結成した。

金丸は憔悴《しょうすい》しきった彼にこう言葉をかけたという。

「竹下が総理になれたのも、あなたがいたからじゃないか。絶対気を落としちゃダメだよ」

伊平は頭を下げたっきり絶句、男泣きに泣いたという。

父と兄の悲痛

伊平が自殺してから私は何度となく、出雲市大社町にある伊平の墓碑の前に立った。出雲大社の正面の鳥居に寄り沿うように建つ、静かな商店街からすぐのところだった。

伊平の墓碑は実家近くの共同墓地の一角にひっそりと建てられていた。白い砂地の上に建つ墓石には「青木家累代《るいだい》之墓　平成元年十二月　青木令建立」と刻まれていた。夫人の青木令は、出雲から南下し広島との県境付近まで車で二時間近く走ったところにある集落、飯南《いいなん》町赤名の出身だった。

近くの小路に粗末なトタン屋根で覆われた小屋があった。そこには、赤い前掛けをした二〇体程の地蔵が祀られていた。遥か後方に地元の人が「弥山《みせん》」と呼ぶ、なだらかな山並みが見え、その麓に出雲大社はあった。

伊平が死んでまだ日の浅い頃だった。私は地元の高校で夜間警備の仕事に従事していた伊平の兄を訪ねた。職員室の薄暗い蛍光灯の下で、兄は眉間にシワを寄せた悲痛な顔で私を睨みながら、こう激昂したのだった。

「伊平がなんで自殺したかって、そんなこたあ俺にわかるわけないじゃないか……。そんなに知りたかったら伊平の墓を何度でも気のすむまで掘り返したらいい！　竹下……竹下のこたあ、わしは知らん」

九二年暮れのことだ。当時百二歳の伊平の父親は重い足をひきずりながら、ゆっくりとした足どりで息子の墓に通いつめていた。長身で痩せ細っていて、耳が少し遠かった。父親は墓前に立つ私に、口元をゆがめ、わずかに微笑むだけで何も語らなかった。近所の住民は呟いた。

「父親は一日に四、五回も伊平さんの墓に足を運び、桶で墓に水をかけて掃除をするのが唯一の日課になっているんです」

何もしゃべらない伊平の父親ではあったが、その胸中では傍《はた》から窺い知れない感情を押し殺していたようだ。伊平の高校の同級生は語った。

「リクルート事件の頃、伊平の顔がテレビに映るたびに、伊平の父親はテレビに向かって『こら、伊平！　お前は、また何んか悪いことをしたのか。お前は、また何んか悪いことをしたのか。伊平……』と叫んでいたんです」

この父親の「また」という言葉の意味するものは小さくない。以前から伊平は、竹下のために少なからず手を汚していた形跡を、父親が内心承知していたことを窺わせるからである。

竹下の生家がある掛合町の古老はこう語った。

「平《へい》さん（伊平）が自殺した時、父親は『ウチの息子が死んだからといって、何で竹下のために死ななきゃならんの。あんまりじゃ』と、誰にともなくうわ言のようにいつも一人ごちていたらしい」

人を下にも置かない秘書の鑑《かがみ》

同級生によると、伊平は色白でポチャッとした背の低い子だった。戦時中旧制大社中学（現・大社高校）の伊平の同級生は二〇〇名。伊平ら一五〇名は宍道湖近くの工場で魚雷製造、残り五〇名は安木町（旧能義郡）で飛行機などの部品工場に勤労動員で駆り出されていたという。

伊平は終戦から四年後の一九四九年に旧制大社中学を卒業後、上京して明治大学工学部を卒業。島根選出の高橋円三郎自由党衆院議員（故人）、小滝彬自民党参院議員（同）の秘書を経て、一九五八年、初当選した竹下の秘書になった。

夜間警備をしていた伊平の兄と会った頃、出雲市の郊外で訪ねた古老の元町議はシワだらけの目尻に涙を浮かべながら、在りし日の伊平をこう述懐した。

「竹下事務所に陳情するために東京に行く時は、夜行で寝台（列車）の『出雲』に乗るんですわ。夜八時頃に松江駅を出て、東京に朝の六時頃に着く。東京駅に立食いソバとか、カレーのスタンドがあるけんねえ。それを腹に入れてから、日比谷公園に向けて歩いて、首相官邸から坂を下り左に曲がると事務所のあるビルに着く。午前八時までには着くんだ。伊平さんは遅くでないと出て来ない。

伊平さんの第一声はいつも、『おーい』。それから『朝ごはんは?』、『例のとおり、立食いだ』、『辛抱しとるのう』と。『今晩どうする?』、『議員宿舎に泊まりよる』、『他の連中もおるだろうし、なんやったら電話しなよ。どっか案内するわ』ってね。ひじょうにわれわれを大事にしよった。竹下さんは事務所で一回ぐらいしか顔を見たことがない。

選挙で帰られても、伊平さんが大番頭だった。人付き合いはいい。人を下にも置かねえ。あの『おーい』という一声も、親切心や心の細かい優しさが込もっておった、上手は言わんけど。竹下家の竹下酒店は戦後、仕込みの米が買えないぐらい経営が成り立たない時もあった。伊平さんは尽くした。あそこまでされると、主従関係は深くなるのは当然、わしらもそう思う」

古老は日の射さない薄暗い居間で、卓袱台を前にして、こうも語った。

「竹下さんが『なんで、わしがそんなこと言わないけんの』と愚痴をこぼしたら、その真意を汲み取るのが伊平さんや。竹下さんが一つ言えば、二、三汲んでやっとる。その点、竹下さんは上手だ。後で都合が悪くなると竹下さんは『わしはそんなこと指示しとらん。知らん』と言うだけだ。知らんことはない。伊平さんが独断でやることはなかった。そういう人だ、伊平さんは。

竹下さんはカネの入ることには黙ってても、カネが出ていくことには黙っとらん。リクルートで伊平さんが自殺した時、みんな『伊平さんが責任を負わされた』と言い合った。後は竹下さんが知らぬ、存ぜぬで通せば証拠も何もないでしょ。わしら、伊平さんは秘書の鑑と思うとった。死んだもんが、一番つまらん。生きて、頑張っとってくれればのう、無念じゃのう」

死の前年の師走のことだ。伊平から同級生に「帰るけんのう」という電話があった。令夫人の実家・赤名に向かうという。が、寒波の影響から飛行機が羽田から飛び立たず、伊平は新幹線で広島まで出て、そこからタクシーで赤名を訪ねている。伊平は電話口でこう呟いていた。

「新聞社が、ようつけとるわあ……」

夫人の手紙

死から二年後、一九九一年九月下旬、数名の同級生が伊平の墓参りをした。その一人が、涙のにじんだ目で私に語った。

「墓参りの後、伊平の実家に寄ったら、南方で作られたような珍しい仏像が置かれていた。伊平の姉に尋ねたら、『伊平は亡くなる前に荷造りをしていたんです。その中から見つかった仏像で先日、伊平の東京の家族が送ってきました』という話やった。伊平はやはり大社町に帰る気でいたんです。亡くなる直前にも同級生に、『(出雲に)帰るから、適当な家を探しといてくれ』と頼んでいた。そんな奴が自殺するなんて未だにとても信じられない。伊平は亡くなる直前、何度も『疲れた、疲れた』と口にしていた。いったい何があったんじゃ」

「万策尽きた」とも口走っていたという伊平。あるいは長年、抱き続けてきた「主人」の竹下像が実はただの「虚像」だったと、リクルート事件の渦中ではっきりと見せつけられ、その無念さから主人に抗議の自殺をしたのかもしれない。

東京の私鉄・小田急線。私は伊平の死から二年の歳月を経た九一年から二年ほど、胸に令夫人へ宛てた手紙をしのばせて、新宿から二つ目の参宮橋のマンションに足を運んだ。在りし日の伊平について知りたかった。いったい、何を語り、何にもがき、苦しんだのか。何を食べ、笑い、ふたたび帰ることのかなわなかった遠い出雲の地は、伊平にとってどのような故郷だったのか。

令夫人への手紙には、青木伊平という一人の人間を、このまま一人の犠牲者で歴史に埋没させ、忘れ去られるようなことがあってはならないとも書いた。

しかし、令夫人から返事が届くことはなかった。

私は、東京と出雲を幾度も往復するなかで、伊平の死から四年後、偶然にも令夫人が知人に寄せた手紙を見る機会があった。手紙には、夫人が作った和歌と、短い言葉が添えられていた。

「お別れの柩の中の主の顔　ダイヤのような涙一粒」

（告別式の早朝、お別れに子供達とまいりましたら、前日までなかった涙が目から一筋頰をつたわり、頰の中程でキラリと冷たく光っておりました。今でも不思議だったと思い出しております）

「歯車の一つ狂いて主は逝き」

（今もこのように思っております）

歯車の一つ狂いて――。私は暗澹《あんたん》たる気持ちにとらわれた。

その伊平の死を境に伸し上がってきたのが、もう一人の青木、竹下の元大物秘書で元参院会長の青木幹雄《みきお》だった。青木幹雄を巡っては後述する。彼は竹下や青木伊平とは同郷で出雲市の漁師町出身だ。竹下事務所は島根出身者を中心にかためているのが常だったが、その青木幹雄を評し伊平は生前出雲の知人に「あいつ（青木幹雄）は使えない」と不信感をあらわにしていたという。

伊平は死の前年、一九八八年四月に発行された島根県出雲市の旧制大社中学校四八期同窓会の文書「おもはゆ」一号に、このような一文を寄せていた。

「私はたまたま昨秋の政変で、竹下登総理の誕生に際し、凄まじい政権抗争の中枢にあって複雑極まりない人間関係を垣間見て（略）激しい政権抗争を繰り返す中で、血わき肉おどる政治家集団の中で、なぜか常に『冷めた』ものを感じてなりません。所詮政治にはそぐわない者がずるずる泥沼に入ったことを深く反省する昨今です」

それから四半世紀余り経った今も、政治の目に見えない泥沼は潰《つい》えていない。

血脈4　金丸信

——寵愛の小沢一郎に裏切られたキングメーカー

小沢を寵愛した「政界のドン」

山梨県のJR甲府駅から乗り込んだ車が向かったのは、南アルプス山系の麓にある小さな町だった。険しい連峰の山頂付近で雪煙が舞い上がっている光景が肉眼で見える。車で、約二十分程の郊外にある小高い丘に、薄茶色のブロック塀で囲われた瀟洒《しょうしゃ》な洋館風の邸宅があった。

山梨県中巨摩《なかこま》郡白根《しらね》町（現・南アルプス市）。その邸宅の主は、「政界のドン」の異名をほしいままに、「キングメーカー」として権勢を振るった自民党元副総裁・金丸信《かねまるしん》であった。金丸は一九九六年三月糖尿病の悪化による脳梗塞《こうそく》で死去、享年八十一だった。

金丸は九二年八月発覚した後述の「東京佐川急便五億円ヤミ献金事件」（東京佐川急便事件）をきっかけに議員辞職にまで追い込まれた。だが、在任中は自民党の最大派閥・経世会会長として、時の政権を自身の派閥が操るという「二重権力構造」を築いていた。

一方で俠気の親分肌も持ち合わせていた。

「政治家は義理人情を忘れてはならない。私は義理人情の政治家だ」（七三年十一月）

「このシャバは君たちの思うようなシャバではない。親分が右と言えば右、左と言えば左なのだ。親分が右と言うのに嫌だと言うなら、この派閥を出ていくほかない」（八四年十月）

含蓄のある独得の金丸語録と、人を惹きつける独得の胆力をかねそなえた稀有な「キングメーカー」でもあった。また、自派にあっては誰よりも小沢一郎を寵愛し、小沢にすれば弱冠四十七歳にして海部《かいふ》俊樹内閣で自民党幹事長の座に引き立ててくれた恩義ある人だ。

一つの逸話がある。八九年六月、宇野宗佑《そうすけ》元総理の「芸者スキャンダル」が発覚した時だ。これは、宇野が首相に就いて三日後、「サンデー毎日」（八九年六月十九日号）に東京・神楽坂の芸妓《げいぎ》が告発した醜聞（スキャンダル）が載り、中身は「（宇野が）三本の指をギュッと握り『これでどうだ』と言うのです」などと愛人関係を求められたというものだった。結局、宇野総理はわずか六十九日の短命で政権の座から追われる。その後、金丸は小沢に、「お前が（総理を）やれ」と声をかけた。小沢はこう断ったという。

「ものには順序がある。それに今はミーチャン、ハーチャンの時代だから、私には合わない」

次いで九一年十月、海部が総理を退任した時も金丸は再び小沢に総理就任の声をかけるが、小沢はこれも固辞した。小沢自身、こう吐露している。

「（金丸から）朝から晩まで説得された。僕が断ると、『お前は何だ』と言って怒られた。『一日でも総理大臣になりたいというのが政治家じゃないか。それを何でお前は俺のいうのに断るのか』と言って」（五百旗頭真ほか編『90年代の証言　小沢一郎　政権奪取論』朝日新聞社）。

金丸　信

東京佐川急便五億円ヤミ献金事件

「イッちゃんは来ないねえ。イッちゃんは忙しいんだろうな……」

「ドン」とまで呼ばれ、栄華と没落をきわめた金丸は最後まで小沢のことを気にかけていた。目を細めながら小沢を「イッちゃん」と呼ぶ時の姿は、「キングメーカー」の面影は消え、晩年を迎えた一人の老人としてどことなく寂しそうですらあったという。

しかし、そうまで気にかけられた小沢は、金丸が議員辞職した頃から、プッツリと金丸の前に姿を現すことはなかった。金丸の死後も通夜と一周忌には訪れたが、それから十年以上にわたり小沢は、金丸の眠る白根町にはまったくと言っていいほど姿を見せていない。なぜ、小沢は金丸との長い間の蜜月の過去を消し去ったかのように足を運ばないのだろうか。

二〇〇八年十一月、私はJR新宿駅から山間の斜面にひろがるブドウ畑を抜け一時間半の甲府駅に降り立った。金丸の次男で私設秘書を務めた金丸信吾に会うためだ。

甲府駅から歩いてすぐの繁華街の一角に、金丸亡き後も門を開いている金丸の後援会「久親《きゅうしん》会《かい》」の事務所があった。信吾はその久親会の代表で、境川《さかいがわ》カントリー倶楽部（山梨県笛吹《ふえふき》市）の代表も兼ねる。事務所の中には在りし日の金丸を偲ぶパネルが所狭しと掲げられていた。その応接間で、金丸の死後、金丸と小沢の関係について沈黙していた信吾が初めて口を開いた。

「（東京佐川急便事件発覚直後）オヤジ（金丸信）と会ったら、オヤジは『小沢（当時、経世会会長代行）に任せているから、小沢と相談してやってくれないか』と繰り返すんです。小沢さんを心底、頼りにしていたんですよ」

東京佐川急便五億円ヤミ献金事件は、朝日新聞の報道から政界ルートに火がつく。九二年八月二十二日付の同紙の一面の見出しはこうだ。

〈「金丸氏側に5億円」と供述　東京佐川急便の渡辺元社長〉

記事は、佐川急便の渡辺広康元社長（故人）が八九年七月の参院選の前に、経世会会長の金丸から一〇億円の資金提供を求められ、金丸の秘書に五億円のヤミ献金を渡したという内容だった。ここでいう秘書とは、公設第一秘書の生原正久《はいばらまさひさ》だ。

それから五日後の八月二十七日、金丸は突如、永田町の自民党本部で記者会見し、あっさりと五億円の受領を認め、自民党副総裁の辞任を表明した。この会見に同席したのは、小沢の側近で経世会事務局長だった佐藤守良と金丸の秘書の生原で、佐藤は金丸のメモのように代読した。

「実は平成二年（九〇年）の総選挙の事前に、（東京佐川急便の）渡辺さんから献金の申し出があったので、ご辞退申し上げたわけだが、数週間経って私の秘書から渡辺さんが事務所へ五億円届けられたという報告を受けた。私はご辞退申し上げたのに、と思いながら、わが同志への陣中見舞いだと認識した」

金丸は会見の場で、自民党副総裁ばかりか経世会会長も辞任する意向も示した。この辞任会見を見て最も驚愕したのは、約一〇〇人もの経世会所属の国会議員だった。何も知らされず、寝耳に水も同然の状態だったからである。知っていたのは、金丸から相談を持ちかけられた小沢らごく一部の幹部だけだった。このことが、後に派内から湧き上がった「小沢は東京佐川急便事件に乗じて、経世会会長の座を乗っ取るためのクーデターを仕掛けた」という批判につながる。やがて、それが親小沢対反小沢の熾烈《しれつ》な派閥抗争から分裂へと火を噴いていく。

東京佐川急便五億円ヤミ献金事件の発覚で、地元の山梨選挙区を任せられていた金丸の次男で秘書の信吾は急遽上京し、議員会館の裏手にある高級マンション、パレロワイヤル永田町の六階にある東京事務所で、金丸と会った。信吾によると、彼は金丸信とこのようなやり取りを交わした。

信吾　あのカネ（五億円のヤミ献金）はどうしたのか。

信　俺にもわからん。佐川（急便）の渡辺（元社長）は俺に、「選挙にはカネが要るでしょうから」と（資金提供を）申し出たが、俺は断ったんだ。その頃、俺は選挙の遊説で全国を飛び回っていた。その間、渡辺がカネを持ってきてしまった。後で（秘書の）生原から（渡辺から）カネを受け取ったという報告を受けたが、俺はカネを触っても見てもいない。

信吾　（五億円の）献金を認め、自民党副総裁を辞任するに当たり、オヤジは弁護士と相談したのか。
信　いや、俺は弁護士なんて知らん。会ったこともない奴に相談をするわけがない。
信吾　（辞任会見で佐藤守良が代読した）メモの文章はオヤジが書いたのか。
信　俺が自分で書くわけがないだろう。佐川（急便五億円ヤミ献金事件）のことは最初から小沢一郎に全部、任せているんだ。小沢と連絡を取って相談に乗ってくれんか。俺はマナ板の上に載った鯉だ。ただ、生原は「第二の青木」にするんじゃないぞ。

小沢仕切りの事件処理

金丸の辞任会見を小沢が仕切ったのは明日だった。会見当時、ある経世会所属議員が生原に「誰がメモを作ったのか」と問い詰めると、生原は「（金丸）先生が了解していることですから」と答えたという。メモは最初から事件の処理を一任された小沢が生原と二人で作り、小沢が腹心の佐藤に代読させたと推察できる。しかも信じ難いことに、小沢は金丸に弁護士すらつけていなかったのである。

金丸の言う「第二の青木」とは、前述したように竹下登の秘書を務めた青木伊平のことだ。八八年六月に発覚した「リクルート事件」で時の総理、竹下の周辺に未公開株譲渡などの名目でリクルートから総額二億円にのぼる資金提供が判明。竹下は総理を辞任して、その翌日、青木は東京の代々木の自宅マンションで首吊り自殺を遂げた。五十八歳だった。自殺の数日前、金丸は憔悴しきった青木にこう言葉をかけている。

「竹下が総理になれたのも、あんたがいたからじゃないか。絶対に気を落としちゃダメだよ」

青木は頭を下げたきり絶句し、泣いたという。

金丸はその青木の名を口にすることで、秘書の生原を庇《かば》ったのだ。しかし、信吾は上京後に秘書の生原と連絡を取ろうとしても杳《よう》として所在がつかめなかった。生原だけではない。処理を任された小沢とも、信吾はまったく連絡が取れなかったのである。

当時、元官房長官・野中広務《ひろむ》は高輪（東京都港区）の議員宿舎で向かい合った私に、興奮気味の甲高い声で言った。

「あいつ（小沢）は金丸さんの（東京佐川急便）事件の処理を独占するために、金丸さんの前でサメザメと泣きながら『私に任せてください』と頼み込んだんや。大の男が涙を流してやで。（事件の）処理を独占することで、派内で一気に優位に立ち、派閥を乗っ取ろうとしたんや。あいつはすぐに涙を流してみせるなんてことは朝メシ前の奴なんや」

金丸は自民党副総裁を辞任した。しかし、それだけで終わるはずがなかった。追い討ちをかけるように、朝日新聞（九二年九月九日付）はこう報じた。

〈金丸前副総裁を立件へ　東京地検　佐川献金、制限金額上回る容疑〉

記事によると、当時政治資金規正法は同一の者から政治活動に対して年間一五〇万円を超える寄付を受けることを禁止しており、これを超えて献金を受けた者には二〇万円以下の罰金が科せられる。東京地検特捜部は金丸をこの政治資金規正法の量的違反容疑で立件する見通しだ、と報じたのである。

小沢の目算はここで狂った。実は小沢には当初、東京佐川急便の渡辺元社長から提供された五億円が政治資金収支報告書に記載されていなかったことから、これが政治資金規正法で禁止する虚偽記載に当り、会計責任者で秘書の生原だけにその罪を負わせようと目論んでいたふしがある。

金丸は苛立つ。金丸は小沢が仕組んだ会見で、「自民党副総裁を辞任し、五億円をもらった」と言えば事態は沈静化すると踏んでいたのだった。しかし、事態はまったく逆の方向に進んだ。

金丸は九月二十五日、東京地検の求めに応じる形で、「五億円は自分個人あての献金だった。自分のほうから要求したものでなく、公設第一秘書の生原には責任がない」などと記した「上申書」を東京地検に提出し、政治資金規正法違反で二〇万円の罰金が科せられる略式起訴に応諾した。東京地検はこれを受理し、東京佐川急便事件は決着するはずだった。しかし、金丸にとって事態はさらに悪化する。

「五億円ももらって、たった二〇万円の罰金だけというのは許せるものではない」

このように逆に世論に火が付き、金丸は窮地に追い込まれていった。金丸は精神的に動揺した。

経世会の閣僚経験者の秘書によると騒動の最中、小沢は東京・元麻布の金丸邸に出向き、土下座して涙を流しながらこう吐露したという。

「金丸先生を守ることができなくて、申し訳ありませんでした」

金丸は情に篤かった。小沢は金丸に一度ならず涙を見せることで、金丸の感情の襞《ひだ》に触れ、自分の企みをうやむやにしようとしたのかもしれない。小沢は、どこまでも金丸の存在を巧みに利用しようとした。野中広務の著書、『私は闘う』（文藝春秋）によると、小沢の腹心・佐藤守良はメディアに包囲されて身動きの取れない金丸邸に来ては、金丸にこう懇願していたという。

「経世会の会長だけは小沢に譲ってほしい」

自民党を牛耳っていた最大派閥、経世会の後継指名権は金丸が握っていたからである。その金丸は結局、世論の指弾の集中砲火に抗し切れず九二年十月十四日、議員辞職をし経世会会長も辞任した。

金丸の最後の頼み

その頃のことだ。信吾によると、小沢は佐藤と共にパレロワイヤル永田町の金丸事務所を訪れたという。金丸に語りかけるのは佐藤が任い、小沢は折り目正しく手を膝の上に置き黙って座っているだけだった。小沢と佐藤は金丸にひたすら頭を下げ、こんな会話を交わしたという。

佐藤　経世会の後継（会長）に小沢を指名してもらえませんか。
金丸　俺はもう辞めていく人間だ。そんなことはできない。ただな、一つ言っておきたいことがある。頼むから、派閥（経世会）を割らんでくれないか。

小沢はこの場を最後に、金丸の前にプッツリと姿を現さなくなった。小沢は自身を寵愛してくれた金丸を利用するだけ利用し、力が弱まり利用価値がないと見るとバッサリと切って捨てたと言ったら言い過ぎだろうか。

その後、金丸は九三年三月、東京地検に五億円の脱税容疑で逮捕された。

金丸が議員辞職し、経世会会長も辞職した後の九三年、東京国税局は金丸の妻が死亡した際の遺産に着目。当時の日本債券信用銀行（日債銀）の割引金融債「ワリシン」の一部が申告されていなかった事実を摘発した。東京地検は金丸を脱税容疑で逮捕し、家宅捜索の結果、七〇億円相当とも見られる不正蓄財が発覚。この中には時価一〇〇〇億円相当の金塊もあった。

小沢は金丸が保釈されても、電話一本かけてくることはなかった。糖尿病が悪化し、急速に体力が衰え、白内障で左目がほぼ見えなくなっていく中、それでも金丸は小沢を庇うようにこう口にしていたという。

「小沢はいい男だ。そんなに悪い奴じゃない」

親小沢vs.反小沢

反小沢の鬱積《うっせき》した感情は拭い難いものがあった。

東京佐川急便五億円ヤミ献金事件を機に金丸が九二年十月、経世会会長を辞すると跡目相続を巡り派閥抗争が激化した。梶山静六《せいろく》ら竹下グループは竹下の子飼いの小渕恵三、小沢グループは羽田孜《つとむ》を擁立し、派閥所属議員への抱き込み、切り崩しの多数派工作が展開された。親小沢対反小沢の争いでもあった。

結局、小沢は多数派工作に失敗する。

小沢は羽田を代表とする新集団「改革フォーラム21」を立ち上げ、その後十二月に羽田派を結成した。しかし、これに参加したのは衆院三五人、参院九人の計四五名。経世会に残ったのは六六人だった。

小沢は当初、五〇人以上の参加を見込んでいたが、参院は青木幹雄を中心に竹下の影響力が強く、切り崩すことができなかった。数で敗北したのである。経世会は小渕を金丸後継の会長に仰いだ。

分裂へと突き進み、小沢の敗北が決する頃だ。田崎史郎著『竹下派死闘の七十日』（文藝春

秋）によると、金丸は、

「お前らは義理の兄弟じゃないか。兄弟ゲンカに俺を巻き込むなよ」

と言って争いの仲裁をしようとした。金丸の言葉を受けた竹下が、

「お互い名前にかぶせられて『優柔不断』とか、『独断事件』と言われているのを反省しないといかんわなあ。互いに反省しよう」

しかし、小沢は、

「俺も悪いがあんたも悪い。反省だけならサルでもできる」

と、痛烈に竹下を批判した。小沢にすれば多数派工作を仕切った竹下への恨みが、激しい言葉となって表れたのだ。あまりの激しい応酬に、金丸は「お前ら勝手にやってろ」と言い残し席を立ってしまった。会談後、小沢は記者団に一言「もう竹下さんと会うことはない」と語った。

金丸は、竹下の弟・亘に小沢夫人・和子の妹・雅子が嫁いでいることをもって、竹下と小沢が「義理の兄弟」と言っているのだった。

こうして、経世会は分裂し党内第四派閥に転落した。

経世会の跡目争いで小渕恵三に敗れた小沢が、派内の反小沢包囲網に抗う形で羽田孜らと自民党を飛び出し、新生党を結成したのは九三年六月だった。小沢は、「派閥を割らんでくれ」と言う金丸の最後の頼みに耳をかそうとしなかったのである。かつて竹下を御輿に担ぎ、角栄に背い

て金丸、小沢らが旗揚げした派中派、創政会を出発点に結成された経世会は、ここに瓦解した。

金丸の弁護側は九三年七月から始まった脱税事件の公判で、「蓄財は個人的なものではなく、政界再編に備えた新党の政治資金」と主張した。信吾によると、金丸は経世会が自民を割って出て、社会党右派や民社党（当時）、公明党を含めた「新党結成」を思い描いていたという。信吾は語る。

「新党結成になったら、オヤジは小沢さんを一緒に連れていき、中心に据えようとしたでしょう。小沢さんに託した夢はあったにちがいない」

しかし、その新党構想は小沢が引き金となり経世会を分裂させたことで金丸の見果てぬ夢で終わった。それどころか、小沢は金丸との師弟関係の来歴を消し去ろうとするかのように金丸に顔を見せることはなかった。小沢一郎という男の器について、最後に信吾は呟いた。

「冷酷というか、そういう人間だったんだなあと言うしかない」

晩年、目が不自由になった金丸の最後の楽しみは寝室に引いた有線ラジオで、落語や歌謡曲、ニュースを聞くことだったという。

血脈5　赤城徳彦

——架空事務所費問題の奥に潜む兄との確執

実体なき事務所の経費計上問題

第一次安倍晋三内閣（二〇〇六年九月発足）の農水大臣の松岡利勝《としかつ》が東京・赤坂の議員宿舎で首吊り自殺を遂げたのは〇七年五月のことだった。

自殺の引き金になった一つは事務所費問題と見られた。松岡の政治資金管理団体「松岡利勝新世紀政経懇話会」は、賃料が発生しない議員会館（第一）に主たる事務所を置きながら、事務所費として〇三年からの三年間で計約九〇〇〇万円も計上。

さらに、同団体の置かれた議員会館は水道・光熱費が無料にもかかわらず、〇五年に約五〇〇万円の光熱水費を計上。〇七年二月、参院予算委で「どこで使用した光熱水費か」と質問された松岡は、「当然、主たる事務所の議員会館だ。使ったものをきちんと計上している」「（光熱水費には）『ナントカ還元水』や、暖房や別途そういうものが含まれる」などと苦しい弁明をし、追及の火に油をそそぐ形になった。

松岡の自殺は支持率が低迷していた安倍政権に衝撃を与えた。

その後、安倍が松岡の後任の農水大臣に指名したのが赤城《あかぎ》徳彦《のりひこ》だった。しかし、赤城にも事務所費の問題が発覚する。

その日、私はＪＲ有楽町駅の近くにある日比谷公園の片隅のベンチに座り、ただ茫然《ぼうぜん》としていた。

公園は有名ホテルや映画館、飲食店が所狭しと入ったビルなどが林立する有数の繁華街・日比谷方面の門から入ると、右手に水を勢いよくはじくアーチ状の噴水があり、左手には一面芝生で覆われた花壇があった。花壇の端々には赤やピンクのバラが咲いていた。花壇を見下ろすようにケヤキ、クスノキなどの樹木が鬱蒼《うっそう》と繁っている。

噴水を遠くに眺める日比谷公会堂近くのベンチの前にはソーラー時計の置かれた小さな丘があった。日比谷通りの喧騒をわずかながら遮断したその場所で、私はベンチに座ったり立ったりを繰り返していた。

ベンチの傍らにはその日、〇七年七月七日（土）付の日本経済新聞朝刊があった。同紙は一面トップで、〈赤城農相の政治団体／親族宅に事務所、経費計上／実体なく　10年で９０００万円〉と四段の見出しを掲げ、こう報じていた。

赤城徳彦

〈赤城徳彦農相（衆院茨城１区）の政治団体「赤城徳彦後援会」が親族宅を事務所の所在地として届け、毎年多額の経常経費を計上していたことが六日、分かった。人件費や事務所費、光熱水費などの合計は二〇〇五年までの十年間で約九千万円に上る。政治団体の代表者は「事務所として使っていなかった」と実体がなかったことを証言した。〉

一方で同紙社会面トップの見出しはこうだ。〈親族宅「家賃発生せず」／農相政治団体　経費計上／代表者「事務所に使わず」／「政治とカネ」問題相次ぐ〉

同紙が一面からぶち抜きで政治家の不祥事を大々的に報じることはきわめて稀なケースで、赤城の事務所費問題に切り込むスクープ意識が窺われた。

私は茫然とせざるを得なかった。

実は、私は七月九日発売の「週刊現代」（〇七年七月二十一日号）で、赤城の事務所費問題を書いていた。タイトルは〈家賃のかからない議員会館や茨城の実家に「事務所」を置きながら／〝架空事務所費5000万円／赤城農水相は即刻辞任せよ〉。赤城の茨城県内の実家で父親宅に置かれた政治資金団体「赤城徳彦後援会」や、赤城の妻の実家に置かれた同「徳政会」、家賃や光熱水費のかからない議員会館に置かれた政治資金管理団体「徳友会」など四つの政治団体が、〇一年～〇五年の五年間で支払った事務所費の総額五三六九万円は架空計上の疑いがあると報じたものだった。

日経はそのうち、実家の「赤城徳彦後援会」に焦点を当て二〇〇六年までの十年分の事務所費を算出し、総額九〇〇〇万円計上と報じた。つまり、事務所費の総額を五年で見るか、十年間で見るかのちがいだけで、私の書いたものと日経の記事のトーンは奇《く》しくも酷似していたのである。

毎週月曜日発売の「週刊現代」の見本誌は発売の前の週に当たる金曜日、刷り上がってくる。

この早刷りの見本誌は「交換」という長い間の業界の慣習で、その日の夕方頃には業界に行き渡る。交換を通し発売前に目にすることができるのは「週刊現代」に限ったことではない。ただ同誌でいえば、土・日曜を挟んだ三日前、金曜日夕方頃には遅くとも手にすることができる。

だから、一般的に言うなら金曜日に早刷りの見本誌から、どのような記事が三日後に載るのかを見て動き出せば新聞の機動力、情報網から推して土曜日の朝刊に間に合う。新聞の後塵を拝す――私は言いようのない絶望感に打ちのめされていた。

選挙区・水戸における存在感の薄さ

私が赤城を追い始めたのは「週刊現代」で報じる一カ月前の六月上旬だった。当時、安倍晋三政権下の参院選（七月二十九日投開票）が二カ月後に迫っていた。私はＪＲ上野駅から常磐線に乗り特急で約一時間余で着く茨城県の県庁所在地、水戸市に向かった。

前述したように、五月末には松岡利勝農水相が衆院赤坂議員宿舎で首吊り自殺をしていた。松岡の政治資金管理団体が家賃のかからない議員会館で、家賃が大半を占める事務所費や光熱水費を計上。そのことが明るみに出ると、松岡は「ナントカ還元水とかいうものをつけている」と釈明し、攻撃の矢面に立たされた。その渦中の自殺だった。その後、安倍が窮余の一策で松岡の後継に起用したのが赤城だった。

しかし、赤城徳彦とはどのような来歴の政治家なのかが漠然としていた。茨城出身の赤城の祖父・宗徳《むねのり》は六〇年安保紛争時の岸信介内閣にあって防衛庁長官などを歴任した自民党の重鎮で、赤城はその後を継いだ農水官僚出身の三世議員だ。言うまでもなく安倍の祖父は岸で、赤城とは祖父同士が知遇を得ていた。そのぐらいのことしか赤城の素性はわからなかった。

私は何らかの伝《つて》があって水戸駅に降り立ったのではない。赤城の選挙区で、大票田の水戸なら幾つかの足跡を残しているのではないかと睨んでのことだった。

水戸駅南口を出て少し歩くと桜川にぶつかる。その川のほとりの、市役所付近の雑居ビル二階に「赤城徳彦事務所」とのプレートが掲げられた一室があった。一方で、意外なことだが地元県議や市議らと片っ端から連絡を入れても、赤城の素性は知らない、水戸に顔を見せることはほとんどないという返事ばかりだった。

暑い夏だった。私は川に沿って連なる桜並木の木陰でベンチに座り、途方に暮れた。ただ元市議の呟いた一言が耳に残っていた。

「赤城徳彦を知りたいなら水戸にいても何もわからん。もっと西のほう、実家のある筑西《ちくせい》市に行かないと……」

糸口をつかみたかった。私は水戸駅北口の坂道の途中にある書店で地図を買い求めると再び常磐線に乗った。途中の友部《ともべ》駅で水戸線に乗り換える。私は農水省エリート官僚出身の若手政治家と囃《もてはや》される赤城の顔を思い描いた。各駅停車の車窓から見える起伏に富んだなだらかな山々や田《たん》圃《ぼ》の土の匂いは、なぜか彼からまったく感じられなかった。

一時間程で下館駅に着いた。片田舎の古びた小さな駅舎だった。古老に尋ねると、赤城本人より祖父・宗徳のほうが知られていた。赤城の実家は駅からさらに車で南下した所にあるという。車は幾つもの集落や畑、丘陵《きゅうりょう》、木立の間をくぐり抜けて走った。目の前に田圃の広がる一角に実家の古めかしい屋敷があった。

茨城県真壁郡明野町（現・筑西市）赤浜——。瓦葺《かわらぶ》きの門の前には年輪を重ねた杉の樹がどっしりと根を張っていた。屋敷の庭にはこんもりと樹木が植えられ、木造の家の二階は白い障子がびっしりと張られている。いまや農村にも見られない由緒ある旧家を窺わせた。ただ一つ、違和感を抱いたことがあった。傍目から見ても屋敷の内側や家を囲む塀の周りにはなぜか、赤城のポスターなどがまったくと言っていいほど目に入らなかったことだ。人を寄せつけず、ひっそりと静寂をきわめた屋敷という印象だった。

私は近くの田圃で農耕仕事をしていた農婦に尋ねた。農婦は言った。

「広い屋敷ですが、あの家には赤城徳彦さんの両親が住んでいるだけです。赤城さん本人はめったに東京から実家に来ることはない。もう東京の人で、地元との馴染みは薄い」

赤城は祖父・宗徳の時代に築いた地縁・血縁の票田を頼りに、その名門の血脈とエリート官僚出身という肩書だけを頼りに大臣の座に上りつめたのだろうか。だとすれば、あまりに存在感の薄い男と言わざるを得ない。ただ、その時はそれから何度となく実家周辺に足を運ぶことになるとは予想だにしなかった。

実家にあるはずの後援会事務所

日の改まった六月二十一日、私は茨城県庁に向かった。県庁は水戸駅から車で約十五分の郊外にあった。九九年に竣工した真新しい二十五階建てのビルの九階にある県の選挙管理委員会を訪れたのは赤城の「政治とカネ」を巡り、県に届け出の政治資金収支報告書の閲覧と、収支報告書の文書開示請求をするためだった。

私はそれまで幾人もの政治家のカネにまつわる取材をし書いてきたが、公開されている収支報告書につぶさに目を向けた体験は少なかった。しかし、〇六年十二月、佐田《さた》玄一郎行政改革相の政治団体が、存在しない事務所の経費を〇〇年までの十年間で約七八〇〇万円計上していたことが明るみに出て、辞任に追い込まれていた。松岡農水相も自らの事務所費問題に口を拭い、墓場まで持っていった。

事務所費問題は政治家の命取りになりかねない。収支報告書は隠された金庫の一端を知る手がかりを提供してくれる、政治家のもう一つの戸籍簿ともいえた。

収支報告書は過去三年分まで閲覧できる。

私は、赤城が総務省に届け出の政治資金管理団体「徳友会」の収支報告書は既に入手していた。問題は県の届け出分だ。

茨城県庁の選管事務局の入口付近にしつらえた簡素なテーブルの片隅に座り、私はまず赤城が代表で水戸市に置かれた政党支部「自由民主党茨城県第一選挙区支部」（以下、自民党茨城第一支部）の収支報告書を閲覧した。一般に政治資金管理団体と政党支部の二つの収支報告書を照らし合わせると、どの政治団体との間でカネが出し入れされているのかがほぼわかってくる。二つの団体はカネの流れの通過点になっているのだ。

私は自民党茨城第一支部から順に、収支報告書に記載された主たる事務所の所在地、代表者、会計責任者や、経常経費の欄に記されている人件費、光熱水費、事務所費などを黙々とノートに書き写していった。

日が暮れかけていた。日暮れ近くなり空が赤味を帯びていくのが九階の窓から見える。私は作業を急いだ。

黒の水性ペンを握る指先が止まった。その時、私はざわざわとした胸騒ぎを覚えた。

いまもって脳裏に蘇ってくる。政治団体「赤城徳彦後援会」の主たる事務所の所在地は、まがうことなく私が先日初めて訪れた赤城の実家だった。しかし、屋敷の周囲には赤城のポスターが貼られているわけではなく、ましてや「赤城後援会」の看板らしきものが掲げられているわけではなかった。厳《いか》めしい門の標札には赤城の父親の名前が刻まれていた。

赤城の両親がひっそりと暮らす旧家。ところが、「赤城徳彦後援会」の収支報告書によると二〇〇三年から〇五年までの三年間で人件費約二二二二万円、光熱水費約一〇五万円、備品消耗品費約三七二万円、事務所費約五二一一万円の計約一二二〇万円もの経常経費が計上されているのだ。

ありえないことだった。仮にそれが本当なら、赤城の両親は人件費や家賃が大半を占める事務所費など三年間で約一〇〇〇万円もの政治資金で賄った生活を営んでいることになる。あるいは、あの家の中に事務所が置かれ、両親はその家賃をもらっているのだろうか。それも、すぐに頭から消えた。事務所の存在を示す形跡は、どこにもなかったからだ。何よりも、あの暑い日にこの目で見た屋敷の情景がすべてを物語っている。

そもそも、自身の実家に政治団体の事務所を置くこと自体、政治家としてありうべからざることだ。公私混同の誹《そし》りはまぬがれず、本当ならあまりに稚拙《ちせつ》としか言いようがない。しかも、赤城本人はほとんど実家に立ち寄ることがないというではないか。

私の脳裏にある言葉がくっきりと浮かんだ。架空事務所費——。事務所の実体がない実家にさも、あるかのようにして経費を計上する。架空と言うしかなかった。

私は急いで、「赤城徳彦後援会」などの収支報告書と、それに添付されている領収書について選管に対し文書の開示請求の手続きをした。県庁を出ると日はとっぷりと暮れていた。

水戸駅の上野方面行きのホームには通勤客が列をなしていた。特急に乗り、列車の窓に流れる民家のポツンとした灯をぼんやりと見ていた。

架空事務所費の疑念は揺るぎなかった。では、どのようにして赤城の両親はあの家に暮らしているのだろうか。いったい、赤城徳彦という男を形成したバックボーン、赤城家の血脈はどうなっているのか。書くためには、赤城家の知られざる影の部分を垣間《かいま》見る必要があると私は思った。

赤城家を継ぐべき兄との不仲

県庁に向かった日と前後し、私は水戸だけでなく実家周辺の下館、下妻などの集落で祖父・宗徳の時代の古参後援会員らを探し歩いた。下妻駅は、下館駅からわずかな車輌の関東鉄道で南下し二十分程で着く。うだるような暑さが続き、プラットホームから真っ直ぐに伸びる鉄路が陽炎《かげろう》でゆらゆら揺れていた。探し歩いた古老の一人は語った。彼は実家を「赤城（宗徳）の家」と呼んだ。

「（祖父の）宗徳の選挙では『赤城の家』を使った。一階に十畳程の広間が三つあって、そこをぶち抜いて火鉢を囲んで選挙をやったことがある。孫の徳彦は『祖父の後ろ姿を見て育った。だから政治に関心がある』と口にするが、徳彦にそんな心構えが備《そな》わっているとはとても思えない。

第一、徳彦は東京で育った子だ。サーフィンが好きだというのは聞いたことはあるが、口をきいたこともない」

ある古い支援者は語った。

「徳彦が赤城の家を事務所として使ったことはない。仮に事務所を置いたとしても、筑波山の麓の誰も知らないようなこの田舎の集落では何票にもならないだろう。徳彦には近くに住む兄（長男）がいる。赤城の家は本来、兄が継ぐべきものだ。ところが、兄と弟の徳彦は不仲状態だ。だから赤城の家を事務所として使うことなど兄が認めるはずはないし、看板やポスターを出すことすらやらせるわけがない。その遠因は、次男の徳彦が東京大学を出て官僚になったことと宗徳の後継になったことだ。ただ、（赤城の）父親は早くから後継に徳彦を推していたな」

赤城の家は地元で影が薄かった。

なぜか赤城の来歴が冷めた目で見られているのは、祖父・宗徳の時代はさておき、赤城本人がその血脈に威を借り地元に溶け込まず、浮いていることが最大の原因のようだった。何より私がひっかかったのは兄弟の不仲だった。世襲に選ばれることのなかった兄が、赤城の家を事務所として弟に使わせることなどありえない。そこには近親どうしだけに避けられない身内の諍《いさか》いが影を落としているようだった。

母の証言

私は〇六年六月三十日の土曜日、下妻駅に降り立った。午前九時前だというのに路上には暑い日射しが照りつけていた。タクシーで畑の中の曲がりくねった舗道を赤城の家に向かった。約十五分で着いた。車は塀から少し離れた場所に止め、私は門からではなく脇の小石が敷きつめられた車道を歩いて屋敷に入った。

家は静まりかえっていた。玄関の脇に勝手口らしき入口があった。戸を開けると板敷きの間になっていた。板は黒光りしている。薄暗くかつての土間を窺わせた。

天井は高く、開け放たれた襖の奥にはだだっ広い座敷が覗き見えた。板敷の間に奥から出てきた初老の女性は背筋を伸ばした、どことなく品を感じさせる赤城の母親だった。彼女は「主人（赤城の父親）は政治のことはよくわかりませんから……」と、よく通る声で語りながら板間に正座した。

私は母親に、茨城県に届け出の政治団体「赤城徳彦後援会」の収支報告書に記されていた主たる事務所の住所を告げ、この赤城の実家の住所と相違ないかを尋ねた。母親は淡々と「間違いない」と語った。宗徳の代で取材馴れをしているかのようだった。私は核心に入った。

「事務所としてどのような活動をしているのですか」

「活動と言われても、事務所として使ったことはまったくありません」

「事務所はないのですか。いつからないのですか」

「いつからも何も、昔から使っていない。かつては年一回程、人が集まるようなこともあったが、酒席など持てなしにうるさくなっているから、それもやっていないような状況。息子（赤城徳彦）だって選挙で家の近くまで来ても立ち寄らないぐらいですから」

「光熱水費を『赤城徳彦後援会』に請求したことはありますか」

「請求するなんて、とんでもない。そんなことはしたことがありません」

私は胸が高鳴った。執拗に尋ねる私に、母親は何度同じことを言わせるのかといった毅然《きぜん》とした口調でこう語った。

「どこにも事務所らしきファックス機やコピー機などはありません。どうぞ、探して下さっても結構です」

家の玄関付近には目立たないように赤城のポスターが貼られていた。母親は私の目を見据えてポツリポツリと語り出した。

「あのポスターだって、家に貼ることを（赤城の兄の）長男は嫌がるんです。この家は長男のものではあるんですからね。長男にすれば『なんで、弟だけ面倒を見る』という気持ちになっている。私の目の黒いうちはポスターを貼っていますが、それからのことはわかりません。ましてや、長男にすれば、この家を（弟の）事務所に使うなんて考えられないことでしょう」

母親の目は遠くを見ているようだった。

兄を立てなくてはならない。弟だけに肩入れするわけにはいかない。その兄が好まないことに実家を使うわけにはいかない――。私は奇しくも赤城の事務所費問題の根底に、政治家の世襲から来る兄弟間の相克《そうこく》が横たわっていることを知った。

私は家を出た。母親が息子の徳彦のことでメディアの取材を受けたのは初めてのことだった。私はタクシーに戻ると、車を止めたまま後ろの座席でノートに一問一答方式のメモを走り書きした。

その後、下妻方面に車を走らせた。

「これはおそらく大変なことになる……」その言葉が脳裏を過《よぎ》った。他のメディアが追随し取材にこの家へおし寄せることは火を見るより明らかなことだった。私の中で、もう一度母親に会い念を押すことが頭をもたげた。途中で、運転手に赤城の実家にもう一度引き返すように頼んだ。そうしなければ気がすまなかった。

再び実家の前に立った。最初に辞してから二十分程経っている。母親は怪訝《けげん》そうな顔をしながらも正座しこう語った。

「ここは、主人と私の住まいです。事務所として使うことは（選挙制度が）小選挙区制になってからずっとない。（祖父の）宗徳でさえ、事務所として使うことはなかった。（赤城徳彦後援会から）家賃をもらうなんてとんでもない」

私が、「息子（徳彦）が大臣になって驚いたか」と水を向けると、「驚くというか。あの子は東京で育った。祖父（宗徳）の家から東京に通い、農水省に入ったんです。真面目な子だった……」と言う母親は、どこか寂し気だった。

もはや、一点の疑いも差し挟む余地はなかった。

「週刊現代」の締め切りは私が母親と会った四日後の七月四日だった。事前に赤城事務所に事務所費問題の質問状を出していた。七月二日夜、私は赤城の秘書と電話で話をした。

「『赤城徳彦後援会』は政治団体として実体がないのではないか」

「後援会と言ってもいろいろある。実体はある。活動はしている」

「赤城の実家を使って、実体はあるというのか」

「当然でしょう……」

秘書は何ら根拠を示すことなく、ただ実体はあると繰り返すのだった。

締め切りの日、原稿執筆は翌日の窓の外が白みはじめる明け方まで及んだ。編集部内では、どこからともなく「だから、事務所費の何が問題なんだ」と怒鳴る声が聞こえた。私がゲラ刷りの最終チェックを終えたのは校了日の七月五日午後九時頃だった。その二日後から、蜂の巣をつついたような騒ぎになっていった。

新たな疑惑〝政治活動費の二重計上〟

冒頭で触れたように、七月七日付の日経朝刊が赤城の事務所費に実体がないことを報じて以後、メディアは競ってこれに追随した。

〈赤城農相　実家に後援会事務所　家賃なし　３年で経費１２００万円〉（朝日新聞二〇〇七年七月七日付夕刊）

〈赤城農相・事務所費問題／参院選控え、また激震〉（毎日新聞）

〈赤城農相事務所問題／参院選の直前…与党困惑　閣僚の問題続出「戦えない」〉（読売新聞）

どれも紙面をぶち抜いての報道だった。前述のように、私は日比谷公園のベンチにもたれながら何時間も茫然としていた。その一方で、私は再び歩き回るしかないと自分に言いきかせていた。誰にも吐け口を求めるわけにはいかなかった。

報道ラッシュの渦中では、赤城の事務所費問題を書いた一人のジャーナリストの存在など気にもとめないだろう。ただ、あの日、茨城の赤城の実家を行きつ戻りつ訪れたことや、汗を拭いながら水戸や下妻市などの誰もいない農道を何度も歩いた体験は忘れることができなかった。手帳の余白に、私は――足の数だけ自信を持つ。いまが苦しい。この苦しさは書くことで抜け出す――と書いていた。

参院選の投開票が半月後に迫ったある日、茨城県の選管から連絡があった。以前、選管に文書の開示請求の手続きをしていた、赤城の政治団体の収支報告書に添付されている領収書の情報開示決定が下り、そのコピーができあがったと言う。すぐに駆けつけた県庁で手に入れた領収書のコピーは、膨大な量にのぼった。

いまでも、蘇ってくる。夕方コピーの入った紙袋を持ち県庁を出て水戸駅に向かった。駅を発《た》った特急に揺られながら、私は何気なくクリップで留められた領収書のコピーをパラパラと見ていた。

私の目はある異変に気がついた。同じ領収書が紛れ込んでいる――。私は既に紙袋に入れてあった収支報告書を取り出し、その報告書と照らしながら問題の領収書を見比べた。やはり日付などは同じだ。間違いない。

つまり、こういうことだ。

赤城が代表の自民党茨城第一支部の二〇〇三年の収支報告書では、「組織活動費」という名目で「案内状発送費」として九月十一日に二回、それぞれ一三万四三五円と六万五六五〇円の支出が記されている。

もう一つ、実体のない事務所費を計上したことで問題になっていた「赤城徳彦後援会」の同年の収支報告書にも「荷造《にづくり》発送費」を毎月、計上。中身は同じ九月十一日に二回、それぞれ一三万四三五円と六万五六五〇円の支出となっている。同じ日付の金額だ。

着目すべきはその二つの団体の収支報告書に添付された領収書だ。

領収書はいずれも「郵便料金受領証」として出されたもので、一三万四三五円の分は「水戸中央郵便局」、六万五六五〇円の分は「水戸駅前郵便局」が発行したものだった。二枚の領収書とも印字等がまったく同一で、それが異なる団体に添付されていた。

領収書の二重計上だった。明白な政治資金規正法違反の虚偽記載である。赤城はあろうことか、実家の父親宅に架空の事務所を置いていたばかりか、領収書の二重計上までしていたのだ。

私は水戸市内の二つの郵便局に、それぞれで発行の領収書に間違いはないかという確認に走った。帰路、六月に赤城を追い初めて水戸に来た時のように桜川の土手にあるベンチに座った。

「領収書の二重計上が表に出れば赤城にとって致命傷になるだろう。安倍政権は松岡（前農水相）に続いて露見した『政治とカネ』の問題で参院選は地滑り的な惨敗になるだろう」

私はそう直観した。が、不思議に満足感はなかった。ただ一人で、八方手を尽くして政権の要にいる閣僚を追うことの疲労感ばかりが身体に残った。

私は書いた。記事は「週刊現代」に〈赤城農水相　二つの政治団体で二重計上　これが証拠の〝ニセ領収書〟だ〉とのタイトルで七月三十日に発売（八月十一日号）された。発売の前の週の金曜日（七月二十七日）夕方頃には早刷りの雑誌が業界に出回る。投開票日の直前だけに、新聞は投票行動への影響力を配慮し、書いて来ないだろうと睨《にら》んでいた。ところが朝日新聞朝刊（七月二十八日付）は一面の左トップでこう報じた。

〈赤城農水相　政治活動費を二重計上／2団体　同じ領収書コピー〉

朝日を他紙も追った。結局、参院選で安倍自民党は二七議席も失う惨敗となった。一方で民主党は躍進し、この参院選を転機に小沢一郎は、民主党を旧然依然とした彼の隠然たる力で掌握する足がかりをつかんだ。

血脈6　小渕恵三

——小沢との「空白の二十分」と小渕優子の金脈

陰の総理の後悔

その男は、高齢といささかも感じさせない眼で私を見据え甲高い声で言葉を発した。
「あいつに政治信条なんてあるわけないやろ。あるのは地位への執着や」
「彼をそうまでしたのは俺が悪いという人もおる。彼を官房長官にどうか、と言ったのは俺だ。あの頃は俺にも浪花節があったからな。そのあいつが、その後、まさかこうも豹変するとは夢にも思わなんだ」

この男は誰あろう、野中広務である。一九二五年（大正十四年）生まれの八十九歳。その野中が遺恨の感情あらわに、何度も「あいつ」と呼び捨てた相手は当時参院自民党幹事長の青木幹雄だった。

野中はかつて自民党権力の中枢にあって、「陰の総理」「キングメーカー」などの異名を取る隠然たる実力者だった。〇一年四月、小泉純一郎が政権に就き、野中は小泉から「抵抗勢力のドン」として最大の「敵」に仕立て上げられ、絶えず攻撃の標的になった。

そして二年余り後の〇三年九月、小泉が再選を目指した自民党総裁選告示の翌九月九日、野中は突然、政界引退を表明したのである。野中はその日、東京・永田町の自民党本部で行った引退会見で、震える声で袂《たもと》を分かった青木幹雄への不信をあらわにした。
「私と長い盟友であった青木（参院）幹事長が総裁選の告示のとき、小泉総理の推薦人となっていることに私は愕然とした」

「（青木幹事長は小泉が）参院選の顔というだけで小泉を支持した。政治家がこの国家のために何をするのか、国民のいまの現状をどう思うのかという理念、哲学がなくして、参院の権力構造の中に我々がまた揺れ動いているということを悲しく思う一人だ」

「私自身は自ら退路を断って、そして我、闘うべしという決意を改めて持ち、最後に私が持つこの情熱と志を、今回の小泉政権を否定するための最大の闘いに燃焼し尽くしたい」

ＮＴＴドコモ未公開株疑惑

小渕恵三

小渕恵三《おぶちけいぞう》が脳梗塞に倒れ、帰らぬ人となったのは緊急入院から一カ月半後、〇〇年五月十四日のことだった。いったい、何がそうまで小渕を追いつめていたのか。その真実を解き明かそうとする時、私はいまも、死に至る前に起こったある出来事が微妙な影を落としていたと思えてならない。

一つは、〇〇年一月からの通常国会で俎上にのぼった小渕と当時の首相秘書官・古川俊隆による「ＮＴＴドコモ未公開株疑惑」である。私は小渕の死の直前までその疑惑を追っていた。

そのNTTドコモ未公開株疑惑の概要はこういうものだった。

一九九八年十月、ドコモ株が上場した際、わずか九人の個人株主の中に小渕の秘書官・古川俊隆と、小渕の実兄で群馬県中之条町町長（当時）の光平の二人が入っていた。株価は二人の総額で七五億円（二〇〇〇年二月中旬）。古川は当初、「頼まれて出資した群馬のポケベル会社（一九七二年十月設立）が二十数年経って現在のドコモになり、運が良かった」などと語っていた。しかし、これは古川の詭弁《きべん》だった。

古川の未公開株には、真の所有者が存在していたのである。群馬県高崎市の小渕後援会の有力幹部・石井康元だった。しかし、石井は七四年、三十八歳の若さで急死していた。古川は小渕が竹下内閣官房長官在任の八八年、石井の遺族に何の断りもなく、石井名義の株を手に入れて、勝手に名義変更をしていたのだった。小渕は郵政族の「ドン」で、手に入れたドコモの未公開株が値上がり確実だということを知りうる地位にいた。

私は、〇〇年一月の通常国会を睨み、小渕のNTTドコモ未公開株疑惑を「週刊現代」（二〇〇〇年二月十二日号）に書いた。国会は冒頭から緊迫した。衆参予算委員会では、野党各党が一斉にドコモ未公開株疑惑の追及に乗り出し、古川秘書官の証人喚問と株式譲渡承認請求書、取締役会議事録など関連書類の提出を要求した。

「ドコモ株は売っていないのだから濡れ手で粟の利益を得たリクルート（事件）とはちがう」

小渕は二月十四日の国会答弁でこう弁明し、必死になって自身に降りかかったスキャンダルの火の粉から逃れようとした。しかし、実際はちがった。小渕の実兄の光平が九九年の一年間で保有するドコモ株の三分の一を売り、当時の株価で一三億円もの売却益を得ていたのだ。これが発覚すれば小渕は国民を欺いていたことになり、内閣そのものの屋台骨が吹き飛びかねなかった。

小渕が順天堂医院に運ばれたのは、私が町長の資産公開（一九九九年分）でわかった光平の一三億円のドコモ株売却益を「週刊現代」（二〇〇〇年五月二十七日号）で公表する一カ月前、二〇〇〇年四月二日のことだった。株は売られていた。しかも、小渕の兄が一三億円の売却益を得ていた。濡れ手で粟と言うしかないではないか。小渕が誰にも言えず、一人で夜も眠れないほど神経を苛《さいな》ませたかは想像に難くない。発覚は時間の問題だったからである。

小沢との密室会談

小渕の死に影を落としたもう一つの出来事は小沢一郎との密室会談である。その密室会談に至るまで、時計の針を戻してみる。

九九年一月、小沢は経世会分裂を機に新生党、新進党、自由党と新党結成を繰り返した末、かつて袂を分かったはずの自民党と手を結ぶ。九八年七月、橋本龍太郎政権下で行われた参院選で自民党は惨敗。責任を取って退陣した橋本に代わり、総理の座に就いたのが小渕だった。参院では野党が過半数を占め、与党・自民党は窮地に立たされていた。小沢は当時、菅直人が代表を務める民主党に次いで野党第二党だった自由党の党首。ところが、金融政策が焦点となった「金融国会」で、菅はこれを「政局としない」と発言したことから野党間に亀裂が走る。九八年十一月、自民党は自由党との連立に合意し、翌九九年一月に自自連立政権が発足したのである。

小渕恵三と小沢一郎の両党首。しかし、かつては同じ派閥（経世会）で同じ釜のメシを食った因縁の二人だが、自自連立から一年余りがたった〇〇年四月一日、小渕は小沢と官邸で会談。その直後、小渕と小沢は連立解消を明言、再び二人は決裂したのだった。一方、国会は前述したように小渕と古川秘書官の「NTTドコモ未公開株疑惑」で紛糾していた。

小渕と小沢の会談のあったその四月一日の午後十一時頃、公邸で小渕は倒れ、翌二日午前一時十五分ごろ、東京・御茶ノ水の順天堂医院に運び込まれる。脳梗塞だった。小渕は生死をさまよう危篤《きとく》の状態で、一カ月半後に帰らぬ人となった。

首相在任中に倒れ、意識の戻らぬまま非業の死を遂げた小渕。NTTドコモ未公開株疑惑の一方で、死の直前の密室会談の真相はベールに包まれている、小渕との二人の会談で、小沢は何を仕掛けようとしたのか。

「イッちゃんが、無理なことを言ってな。イッちゃんには困ったもんだ……」

閣僚経験者によれば、小渕は脳梗塞で倒れる以前から、嘆くようにこう口にしていたという。

この密室会談に至るまで、一つの伏線があった。元官房長官・野中広務は、この会談より一カ月程前の三月初め、官邸で秘密裡《り》の会合が持たれていたことを明かす。その会合で小渕と小沢の間に立ったのは、劇団四季創始者・浅利慶太である。浅利は演劇人として知られながら、元総理・中曽根康弘のブレーンを務めるなど、政財界に豊富な人脈を持っていた。

この会合で小沢は小渕にこう迫った、と野中は言う。

「三月いっぱいで自民党を解党してほしい。自由党も解党するから、合流して一緒に一大保守連合をつくろう。それができないなら、われわれは連立政権から離脱する」

小沢は連立からの離脱カードで小渕を揺さぶっていたのだった。小渕は頭を抱え込み、野中にこう漏らしていた。

「イッちゃんがまた無茶を言ってきた。昭和三十年（一九五五年）に自由党と日本民主党を合体して自由民主党をつくった。その先輩たちが、ここまで築き上げた苦労を思うにつけても俺は自民党を解党し、壊すなんてことはできない」

空白の二十分

運命の別れ道となった四月一日。当時連立政権に加わっていた公明党の代表・神崎武法《たけのり》と官房長官・青木幹雄も出席して、官邸で小渕と小沢の会談が行われた。野中によると、小渕と小沢のやり取りが最初から激しく、青木は神崎に二人だけで話をさせる場に切り換えることを持ちかけて退席。小渕と小沢の二人だけの時間は二十分程あったという。この「空白の二十分」にどのような応酬があったのか、小渕が亡くなった今となってはつまびらかでない。ただ、小沢は小渕に対し、小渕にこう言い募《つの》っただろうことは想像に難くない。

「自民党の解党ができないなら、俺は政権を離脱する」

一方、当時参院自民党議員会長の村上正邦は二人の会談を、こう述懐している。

「あの日（四月一日）会談を前にした昼近く、私はホテルオークラで小沢と会った。当時自民党幹事長の森（喜朗《よしろう》）もいた。その場では『小渕と一緒にやっていこう。連立を維持しよう』という方向で落ち着いていた。ところが、その後官邸の会談で小沢は、『公明党との連立を解消し、自民党を解党すべきだ』と小渕に迫ったという話が入ってきた。驚いてすぐに官邸にいる青木に電話をしたら、『（党首会談は）決裂です』と。会談の決裂後、小沢に問い質《ただ》したんだが、小沢はただ言葉少なに『（小渕は）話にならん』と口にするだけだった」

官邸から出て来ると、小渕はすぐに記者会見に臨んだ。そして、『これ以上、自由党と連立することは不可能になりました』と言った。日頃、小渕と接触している側近でも、その小渕の発する言葉が途切れ気味になっている異変に気付かなかったという。

後に小渕が倒れ緊急入院したことを知った小沢は、自由党幹部に会談での小渕の発言をこう披《ひ》瀝《れき》していた。

「『（小渕は）また、いっちゃん（小沢氏）といっしょにやりたいなあ』『経世会の頃が一番楽しかった』と小渕は発言。

これに対し、小沢は『今思うと、（小渕首相は）しきりに昔話ばかりしていたなあ』『何でこんなに古い話ばかりするのかと思った』と言葉少なに語っている」（朝日新聞〇四年四月四日付）

しかし、会談は小沢の言うように和やかなものだったとはとても思えない。元をただせば同じ釜のメシを食った小渕が倒れる直前までかかわった小沢にしてはあまりに乾いた言葉ではないか。

小沢は一度自民党を飛び出したにもかかわらず、今度はその自民党にすり寄り、自民党から権力を奪い取ろうとする深慮遠謀があったのではないか。共に連立政権を担ぐための話し合いをしたのではなく、逆に政権を壊し、自身が乗っ取るための策を弄したのではないか。当時の自由党幹部によると、小沢は党に諮《はか》ることなく単独で小渕に「自民党の解党」を迫ったといっても過言ではない。自由党幹部は呟いた。

「（会談の決裂に）驚くしかなかった。小沢という男はつくづく、最初に権力と自分ありきの人。一言で言えば政局の人だ。怖ろしいことを仕掛ける奴だと感じた」

小渕の死からわずかしたある夜、野中広務は私に電話をしてきた。森政権で自民党幹事長に就いた野中はかすれがかった声で、NTTドコモ未公開株疑惑という小渕の金脈スキャンダルを書いた私にこう言うのだった。

「今だから言うが、俺は小渕さんが君を訴えるというのを止めていたんや。君が、小渕を殺したんや。たいしたもんや、総理の首を取っちまうんだからな」

四月一日の小渕日記

小渕の七回忌を機にB４判でわずか三〇ページの追悼文集『小渕恵三を偲ぶ』が作られた。そこに青木は一文を寄せ、その一部はこう書かれていた。

「小渕日記にも悲しい空白の日がありました。二〇〇〇年四月一日のページです。その日の夕刻、小渕さんと自由党の小沢一郎党首との連立政権をめぐってトップ会談が開かれました。私も公明党の神崎武法代表と同席していましたが、途中で神崎さんと一緒に席を外しました。そして十五分か二十分経った頃でしょうか。小渕さんは『別れることにしたよ』と結論だけを私たちに伝えました。私は直ちに当時の自民党幹事長の森喜朗さんに電話して首相官邸に来てもらいました。森さんも小渕さんと学生時代から長い付き合いでしたが、おそらくそこで会ったのが最後であろうと思います。その夜遅く小渕さんは具合が悪くなり、救急車で病院に運ばれました。

小渕さんが亡くなった後、奥様に『四月一日の小沢さんと会った日の日記があれば、私だけに見せて下さい』と頼んだことがあります。『さすがにその日の日記には何も書いてありませんでした』というのが奥様のご返事でした。小渕さんが亡くなり、小沢さんも口の堅い人でしたから、小渕さんと小沢さんが最終的にどういう話をして別れることになったかという真相は、おそらく永久にわからないことでしょう」

前述のように、〇〇年四月一日の小渕・小沢会談で青木は公明党・神崎代表に声をかけて会談の席をはずした。少なくとも、会談の途中まで小渕と小沢がどのような応酬をし険悪な状態になったのかを知りうるキーマンだ。だが、青木は千鶴子夫人にその日の日記を「私だけに見せて下さい」と頼み、一方の当事者である小沢に何があったのかを問い質した形跡もない。もし小渕の死がなければ、その後の小泉純一郎、安倍晋三の登場があったのかはわからない。その戦後政治の転換点という意味でも小渕の死には政治のドラマがあった。「(真相は) 永遠にわからないでしょう」と他人事のように言い繕《つくろ》って憚《はばか》らない青木幹雄の姿は、官房長官の任にあった者としてあまりに無責任でその器に欠けていたように思えてならない。

東京駅から新幹線で約四十分で着く高崎駅で降り、そこから草津温泉の入口に向かうわずかな車輌のローカル線・吾妻《あがつま》線に乗り換え、のどかな吾妻川の川べりに沿うように一時間弱で着く小渕の出生地、群馬県中之条町。小渕の実家は、古くは子だくさんの貧しい農家の娘らを女工に雇い繭から生糸を作る工場を営んでいた。私は小渕の取材のため、昼となく夜となく何度となくこの町を歩いた。駅から歩いてわずかの高台に小渕の墓碑があった。墓碑にはこう刻まれていた。〈小渕恵三は昭和十二年（一九三七年六月）、父光平、母ちよの次男として中之条に生まれる。国内外の平癒の祈りも空しく五月十四日悲運にも志半ばにして永眠す〉

命日に墓の真っ赤なツツジが咲き誇っていた。

小渕優子の政治資金規制法違反疑惑

「（東京地検）特捜部の方は二人いて、あらかじめ明治座で催された観劇会の約五年分の参加者リストを手に入れていた。特捜部の人はリストをなぞりながら、『この人は本当に参加したのですか』『領収書はどのようなものですか』と次々聞いてくるんです」

群馬中之条町で一四年十一月中旬に会った初老の婦人は自宅玄関前でポツリポツリと語った。彼女は、小渕優子後援会女性部の幹部だった。

父の小渕恵三元総理の急死（〇〇年五月）を受け、その後継として同年の総選挙に出馬、初当選した優子。その後、麻生太郎内閣で少子化担当大臣、安倍晋三内閣（第二次）で経産大臣に就く。しかし、その経産大臣の任期を半ばにして、彼女の政治資金団体の収支報告書から不明朗なカネの流れが発覚。（「週刊新潮」一四年十月二十三日号掲載）

同誌の報道などによると、優子の支援者向けに催された観劇会には年約一万二〇〇〇人が訪れ、一人一万二〇〇〇円の参加費を集めた。だが、政治団体「小渕優子後援会」などの一〇年と一一年分の収支報告書には支出約四六〇〇万円を約三九〇〇万円下回る計約七〇〇〇万円の収入しか記載がなく、一二年は収支共に一切計上されていなかった。〇九年から一二年分でみると不記載分は約一億円に上る疑いが持たれている。

収支報告書に記載された収支のズレが不明朗だったことは明白で、優子は経産大臣を辞任し、地元で後援会などで采配をふるっていた元秘書・折田謙一郎も中之条町長を辞任した。一方、東京地検特捜部は折田の自宅など関係先を家宅捜査し、総選挙終了後に捜査を再開する。

「ＡＥＲＡ」（二〇一〇年八月十六日号）に載った「現代の肖像」の筆者・秋山訓子によると、優子は十四年前、順天堂医院ＩＣＵ（集中治療室）で脳梗塞の病に伏せる父を見ながらこう思った、と秋山は記す。

「政治家にならないなら、ＩＣＵのある14階から飛び降りよう。死ぬか、政治家になるか。父が命を賭した仕事をやるからには、私は人生の楽しみや喜びもすべて諦めよう。税金をいただく仕事の重さは父を見てわかっていた」

優子はその覚悟の気持ちをどこに置いてきたのだろうか。

総選挙を前に、大臣辞任から一カ月振りに姿を現した優子は、「お許しいただけるのであれば、（選挙区の）群馬五区から立候補させていただきたい」と語った。選挙区の人々にお詫びする気があれば、ただちに地元に足を運び、迷惑をかけましたと頭を下げていたとしても何ら不思議ではなかった。しかし、「優子は一度も来ない。何を考えているのか」と中之条町の住民は憤る。

父の恵三には前述したように死の直前まで、NTTドコモ未公開株疑惑がつきまとった。そして、娘の優子には不透明な政治資金報告という疑惑が湧き上がっている。親子二代続く「政治とカネ」の問題。これを軽んじたら、「死ぬか、政治家になるか」といった初心すら色褪せるにちがいない。

かつて、恵三の選挙区は旧群馬第三区（現・第五区）で、そこは福田赳夫、中曽根康弘の両総理経験者を輩出する激戦区。恵三は「ビルの谷間のラーメン屋」と自嘲していた。

恵三が所属していたのは、田中角栄率いる田中派。恵三の後援会元幹部によると、選挙を前に群馬入りした角栄は高崎駅の駅長室で恵三をこう叱咤《しった》したという。

「何が谷間のラーメン屋だ。そんなことで悩む暇があったら、郷里を歩け。どこに川が流れていて、水捌《は》けは大丈夫か、土は痩せていないか、どの山のどこの家族に何人子供がいて、働き手はどうなっているのか。その足で歩いて見て来い」

恵三は首を垂れてボロボロ涙を流していた。この逸話は、恵三が健在だった当時、中之条町の後援会元幹部でもある農家の主人が、病をおしながら私に語ってくれたものだ。

血脈7　青木幹雄

―小渕総理の重病に乗じた〝妖怪男〟の「自作自演」のクーデター―

「小泉は俺が総理にさせた」

真冬の日本海に吹き荒れる雪交じりの強風に舞いながら、ウミネコがミャアミャアと叫ぶように響き渡る鳴き声をあげていた。島根半島の最西端に位置し、白い石積みの外壁でおおわれた出雲日御碕《ひのみさき》灯台。その断崖から、ウミネコの繁殖地・経島《ふみしま》が荒波をあびているのが眼下に見えた。ウミネコは毎年十二月約五〇〇〇羽渡来し、四月ごろに産卵。七月ごろには北方の海に飛び発っていくという。この日御碕から出雲大社の杜に向かう途中にある漁師町、出雲市大社町が青木幹雄《あおきみきお》の出身地だ。もう一人の青木、竹下登元総理の犠牲になるようにして自殺した青木伊平の生まれ育った町でもある。

一月、出雲大社の本殿に至る直近の日本海から、冷たい強風がなだらかな丘陵に砂煙をあげて吹きつけていた。冬の海はしぶきを上げた白波でうねり、地響きとも人の叫び声ともとれる悲痛な音が空に飛びかった。

丘陵の間には集落を縫って幾つもの細い坂道があり、寒風から身を寄せ合うようにして質素な家々が軒を連ねていた。さながら長屋住宅のようでもあった。近くに寂れた風情の小さな漁港があった。大社漁港。小さな漁船が岸に押し寄せる波に揺らぎ、その陰でウミネコが身をかがめていた。

丘陵の中腹に、かつてこの漁師町で采配を振った網元の家があった。

黒ずんだ瓦で屋根を覆った中二階建ての朽ちた家。表に面し一階は真っ白い障子が張られ、その下には格子があしらわれていた。二階は土気色に壁が塗りたくられ、所々にひび割れがあった。この家の裏手には、地続きで鉄筋二階建ての邸宅があった。

青木幹雄の生家だった。表の朽ちた家は、網元だった頃をしのばせる造りがそのまま残されていると、近所の住民は言う。まるで、この漁師町を一手に仕切っていた往時を、いまも忘れさせまいとその象徴をあえて残しているかのように映った。

板子一枚下は地獄、という言葉がある。荒れる海に落ちて、いつ生死の境をさまようかわからない危険と隣り合わせの漁場の船乗りをさし、「一寸下は地獄」とも言う。大社町の漁民は冬場、荒れ狂う海に出てブリを獲った。気性も荒くなる漁場。その船乗りらを相手に代々網元をしていた家の長男が青木幹雄だった。

青木幹雄

総理の小泉純一郎が〇五年の衆院解散・総選挙に踏み切る数日前のことだ。青木は、大社町の青木後援会の幹部にかすれがかった声で一本の電話を入れてきた。青木はこう言い放った。

「小泉は衆院を解散することになる。その気で、総選挙の準備に入ったほうがええで」

この話は総選挙の公示後、出雲市の市議らの会合で議員の一人が披露した。「そういえば幹さん（青木の呼称）から事前に解散・総選挙の連絡があった。幹さんは早くから小泉の胸の内を知っていたんだ」とひとしきり囁き合ったという。

青木は当時、森喜朗前総理と共に、衆院の解散・総選挙だけは何とか回避するよう小泉に説得工作をしているかのようにメディアは報じていた。しかし、それは世間を欺くための表向きのポーズで、裏では小泉の翻意を最初から放棄していたことを窺わせる。

その頃青木は、地元の自民党島根県連幹部に事もなげにこう口にしていた。

「小泉は俺の言うことを聞くんだ。俺の言うことは何だって聞く。小泉には俺しかいない。小泉は俺が総理にさせたようなもんなんだ」

「郵政法案」が衆院でわずかな差で可決され、参院で否決された。小泉はその直後、誰をも差しおいて、議員会館の青木の部屋に向かっている。

メディアは法案が参院で否決されたことで、「青木神話が崩れた」「ドン・青木の威信低下」などと囃《はや》していたが、本当にそうだろうか。

もし、郵政法案が参院でも可決されていたら、小泉はない。解散の総選挙はなく、総選挙の圧勝もなかった。国会は荒れ、その元凶の小泉はレームダック（死に体）状態に入っていたのではないか。そこまで青木は、小泉の力を見抜いていたのかもしれない。

出雲大社の鳥居近くにある青木幹雄後援会の幹部の家を訪ねた。彼は最初言葉を濁していたが、私を家の中に招き入れると、青木への不信をあらわにするのだった。

「衆院議員の（竹下）亘《わたる》がしっかりしてくれないから、島根は青木の思うがままの天下になるんだ。だいたい、亘こそが一人、（竹下）登さんの後継を名乗れるんでしょうが。登さんとは血が繋がっているんだから。何で青木が後継者然とした顔をしていられるの。郵政法案だって、亘は当初、異を唱えていたが、『法案の成立やむなし』などと言い訳をしながら、ころっと賛成に回ってしもうた。青木に首根っこを押さえられているからだ。青木に何のかんの言っても逆らうことはできんのよ」

竹下亘（現・復興大臣）は竹下登の異母弟だ。ＮＨＫの記者から竹下事務所の秘書になり、竹下が病床から政界引退を表明した後の〇〇年六月、総選挙に出馬。選挙戦の最中に竹下が死去し、弔い合戦になった。ちなみに小沢一郎の夫人の和子と亘の夫人・雅子は姉妹で、新潟県の大手建設業者・福田組の娘だ。共に田中角栄が縁を取り持ったという。

「竹下さんは俺の自由だ」

四十年前は、元総理・竹下登の一介の秘書にすぎなかった青木が、島根県議から参院議員に初当選したのは一九八六年七月、竹下が中曽根康弘内閣で自民党幹事長に就いた年だった。

青木が初当選する前年の八五年二月、竹下は田中角栄の凄まじい怒りをかいながら、自民党最大派閥だった田中派を割って、金丸信、梶山静六、小沢一郎らと経世会（竹下派）の母体となった創政会を旗揚げし角栄に反旗を翻していた。これが後に経世会と名称を変え、小渕、橋本らの平成研究会（平成研）へと系譜が繋がっていく。

県議だった青木は、無論角栄という人間の類稀なる器を間近で知らなかったばかりか、竹下が角栄に弓を引いて、震えるような心境で派閥を立ち上げた時の労苦を骨身に沁みて知ろうはずがない。

しかし、青木は参院議員に当選するや否や、竹下と一身同体の関係だということを事あるごとに誇示し、陰に陽に相手を畏怖させることで伸《の》し上がってきた。その証左に青木は長い間にわたって、「竹下登秘書　参議院議員　青木幹雄」という名刺を持ち歩いていた。参院自民党元幹部は青木がこう口にするのを聞いていた。

「竹下がつくった派閥を、俺が守っていかなくてはならない。俺は裏方で守っていく」

ところが、青木は派閥を守るどころか、口とは裏腹の想像もつかない行動に出るのだった。それが表沙汰になったのが小泉純一郎が政権を握った時だ。小泉は〇一年の参院選挙から一貫して抵抗勢力の牙城と平成研（当時）橋本派を攻め立てた。青木はその攻撃に抗わなかっただけではない。〇三年九月の総裁選で、青木はあろうことか小泉の推薦人になり小泉陣営に身を翻したのだった。その直前、派閥の会長・橋本龍太郎元総理が青木を怒鳴りちらしている。

「竹下が手塩にかけた派閥を潰すつもりか」

こう詰め寄られた青木は、平然と言い放ったという。

「竹下がつくった派閥を、青木が壊してどこが悪い」

青木の怖るべき本性が露わになった瞬間と言うべきだろうか。そのような逸話はまだある。

竹下は九九年四月、変形性脊椎《せきつい》症のため東京都内の病院に入院し、その一年後の〇〇年五月、政界から引退した。

田中派から竹下派へ、自民党最大派閥の事実上のオーナーとして君臨してきた竹下は病魔に倒れて一年余り、表舞台に姿を見せることなく四十年余にわたる政治生活に自ら幕を下ろしたのだった。自民党本部での引退会見では、病床にいる竹下のしゃがれた声の肉声テープが流された。

「真剣にリハビリに努めてきたが、いまだ登院できず、国会議員の責任を十分に果たせない状態が続いています。誠に残念ですが、この際、引退すべきと判断しました。ほぼ半世紀に及ぶ日々を振り返ると……万感胸に迫るものがあります」

竹下の声を流すスピーカーをじっと見つめていた青木の目から涙がこぼれ、元官房長官・野中広務も目を潤《うる》ませていたという。

その一方で、青木は竹下の引退を前にして、気を許した人物らに陰でこう言い放っていたのだった。青木の元側近や複数の参院元幹部が証言する。

「竹下さんは、俺の言うことだったら何でも聞く。竹下さんは俺の自由だ。いま、俺が政界から引退しろと言えば、言う通りに引退するさ」

青木の口から直接、この言葉を聞いた参院元幹部は、とっさに「青木は竹下の何らかの弱みを握っていて、昔から竹下を脅してきたのではないか」とさえ訝しんだという。もし、そうなら竹下の抱えていた弱みとは何だったのか。

青木にとって竹下は、自分を押し上げるための道具にすぎなかったのか。

首相交代クーデター

竹下の引退からちょうど二週間目の二〇〇〇年五月十四日に死亡した竹下の直弟子・小渕恵三の政治生命を奪ったのは青木である。

首相だった小渕が公邸で脳梗塞で倒れたのは、〇〇年四月一日午後十一時頃だった。ワゴン車に乗せられた小渕が、千鶴子夫人や秘書らにつきそわれて、東京・御茶の水の順天堂大学医学部附属順天堂医院に運び込まれたのは日付が変わった四月二日午前一時十五分頃。

当時官房長官だった青木は、小渕が生死の境をさ迷っていたにもかかわらず、国民にその病状を偽り隠蔽《いんぺい》したままで、自身が首相臨時代理に就き、青木の腹心・森喜朗を小渕の後任に選任するという政権移譲をやってのけたのである。

権力を濫用したクーデターともいうべき首相交代劇だった。いったい、このクーデター劇はどのように行われたのか。

小渕が倒れ、その日に東京・赤坂プリンスホテル（現在閉鎖）に密かに集まった自民党幹部が五人いた。青木、森喜朗幹事長、野中広務幹事長代理、村上正邦参院議員会長、亀井静香政調会長（いずれも当時）の五人で、彼らは後に「密室の五人組」と呼ばれる。

学生らで賑わうＪＲ御茶ノ水駅。本郷方向に向かい、神田川に架かるお茶の水橋を渡り外堀通りを歩くと、薄茶色の外壁に覆われた瀟洒な建物が見えてくる。順天堂医院だ。最上階の一四階に特別病棟がある。廊下にピンクの絨毯《じゅうたん》が敷かれ、入口のドアはモザイクのガラス細工があしらわれていた。小渕はその一室、ＶＩＰルームに運ばれた。「病室の小渕」を巡る官房長官の青木の驚くべき虚偽発表は、小渕の入院した〇〇年四月二日から始まった。

青木は四月二日午後七時過ぎに医院に到着。小渕の千鶴子夫人、古川俊隆秘書官、担当医師と会って緊急搬送された小渕の病状の説明を受けた。医師は最初一人だったが、後に二人の医師が加わったという。その後、青木は古川秘書官と一緒に一四階のＶＩＰルームに向かった。そこで青木は、たった一人で病室の小渕と面会する。古川秘書官は病室の入口の応接セットで待った。

青木が病室のベッドに横たわる小渕と対面していた時間は、後に青木が「五～七分間」と語っている。既に医師団から「病名は脳梗塞」と診断されていた小渕は、午後七時半ごろ青木が病院から帰った直後に急変、集中治療室に移された。

小渕は重病だった。

しかし青木はこの日、午後十一時半ごろ緊急記者会見で、小渕は「過労のため緊急入院」と偽った。記者から小渕の意識ははっきりしていたかと問われ、「別に意識はどうということはありません。（意識は）あります」、さらに小渕の顔色を問われると、「そんなことといちいち、私は医者ではないからわからない」、首相臨時代理を置くのかとの問いには、「そのことを含めてこれから考えようと思う」と、何食わぬ顔で答えたのである。

この時点で、青木は小渕が集中治療室に入っているという事実はおろか、国民に病名さえ一言も発することはなかったのである。

青木は一進一退する小渕の容体を刻一刻と誰よりも早くから知りうる立場にいた。後に判明するのだが、実は小渕は四月二日午前一時十五分頃順天堂医院に緊急入院した時には、既に重篤《じゅうとく》な状態だった。ＭＲＩ（核磁気共鳴映像法）検査で脳梗塞の疑いありと診断される。

一方、四月一日午前二時頃、小渕の古川秘書官は青木に連絡し、なぜか「過労で入院。検査中で心配するほどのことはない」と語ったという。午前二時半頃、ＭＲＩ検査で小渕の病名を脳梗塞と診断。午前六時頃、古川秘書官は医師を連れて青木の住む議員宿舎を訪ね、「検査結果は午後十一時ごろはっきりする」と報告したという。

青木は、小渕の緊急入院の情報操作でも、自ら司令塔になっていたと言わざるを得ない。四月二日午前、共同通信社の「首相動静《しゅしょうどうせい》」の取材に対し、秘書が「（小渕は）午前六時に起床、来客なし、でお願いします」と回答。次いで正午ごろの取材にも、秘書が「午前中は来客なく、政策の勉強などをして過ごす」と回答。さらに午後五時半には、「首相はいつものとおり資料整理やビデオ鑑賞」と発表していた。いずれも虚偽だった。

内閣の要である官房長官の青木が、虚偽情報をそのまま放置したことの意図は何か。青木のしたことは官邸のクーデターと言うべきものでなかったか。青木が最初に手を打ったのが情報操作だった。怖るべきことだった。古今東西、クーデターで政権奪取を図る者の第一の常套手段が、情報を一手に握り操作することはつとに知られることだ。

青木は四月三日午前、臨時閣議の前に首相臨時代理に就いた。暫定とはいえ、首相という最高権力の座を手にしたのだ。青木はその根拠として、同日午前の会見でこう言い放っている。

「（小渕）総理から『有珠山《うすざん》噴火対策など一刻もゆるがせにできないので、検査の結果によっては、青木官房長官が（首相）臨時代理の任に就くように』との指示を受けておりました」

有珠山は、北海道・洞爺湖《とうやこ》南方にある標高七三三メートルの活火山。小渕が倒れる直前の〇〇年三月三十一日に噴火した。

支離滅裂の記者会見

青木にとって小渕は、どうしても意識が明瞭でなくてはならなかった。内閣法九条は「内閣総理大臣に事故のあるとき、又は内閣総理大臣が欠けたときは、その予《あらかじ》め指定する国務大臣が、臨時に、内閣総理大臣の職務を行う」と定めている。首相臨時代理に就く場合、果たして「予め指定」に当たるのか、その証明が必要になるからだ。つまり、裏付けとなる小渕の言葉が要だ。果たして青木の言うように、小渕は本当に「有珠山……」などと明瞭な言葉がしゃべれたのか。当の青木は時間を経るにしたがって馬脚をあらわしていくのだった。

青木は一週間後の四月十日、国会答弁で前言を翻し、「何かあれば万事よろしくとの指示を受けた」と発言。その日の会見では「病人相手の話だから、正確に記憶しているわけではない」、四月二十四日の国会答弁になると、「総理と話した時に、臨時代理という言葉は全然聞いていない。当時の私の判断」と述べたのだった。官房長官の任にある者が、自ら発言を後退させ平然と開き直ってさえいたのだ。

五月十四日、小渕は死去した。

この日医師団は会見し、このなかで水野美邦脳神経内科教授は四月二日、青木が初めて面会した時の小渕の病状に触れ、「(青木の、小渕が語った『有珠山……』という会見での発言は)正直なところ、多少びっくりした。(小渕の意識レベルは)軽い傾眠の傾向がある状態で、大きな声で呼びかければ応答ができる程度の意識状態。政治のことは玄人ではなく、治療に専念していたので、それ以上深く考える余裕はなかった」

担当医師が、青木の発言に「びっくりした」と驚いたことを明かしたのである。

水野教授はこうも語った。

「その時に私たちは部屋（小渕の病室）にいなかったので、実際どういう会話をしたのかはわからないが、その前後の状況から、長い文章を話すのは難しかったのではないか。ただ、周りの人が言うことを聞いて、それを理解して、頷くとか、『よろしく頼む』とか、その程度のことは言える状態だったのではないか」

一方で記者から、「有珠山の……」というような文章は成立したと考えていいか、と問われた水野教授はこう言いおよんだ。

「あのような文章はちょっと難しかったなというふうに推定しているが、（略）そばに居合わせていないので、正確には答えにくい」

青木の発言は医師団に疑念を抱かせるに十分だった。しかし青木は五月十五日、記者会見でこう居直った。

「私は総理と官房長官という間で、会話の中でしっかり『よろしく頼む』と言われたことを、そういう形で表現させていただいた。それは非常に苦しい病状の中での発表なので、三回に分けて言われたか、四回に分けて言われたか、どういう形だったかをいちいち皆さんに報告する義務はない。（略）そのことを一言に言われたとは言っていない」

——やりとりを説明してほしい。

「そういう説明をする考えは、私にはありません。総理と二人で話した内容ですから、どういう格好をしていたとか、どんなに苦しそうだったとかを報告する義務はない」

——「万事」とは言わなかったのか。

「いちいち答える義務はありません」

——使わなかったのか。

「『万事』とは言いました。それを疑ってかかればきりのない話だ」

——「有珠山噴火の件もあるので」と言ったのか。

「有珠山の話もされました。だけど、それをスッと言ったかというと、これは医師団の言われる通りに続けて言えません」

支離滅裂だった。ウソにウソを塗り重ねているから辻褄《つじつま》が合わなくなる。改めて時計の針を青木自身が首相臨時代理に就いた直後の四月三日の記者会見に戻し、初めて小渕の病状を明らかにしたときの青木の発言と対比するとそのウソが透けて見える。

「昨日、四月二日、私が小渕総理大臣を見舞ったとき、『有珠山噴火対策など、一刻もゆるがせにできないので、検査の結果によっては、青木官房長官が（首相）臨時代理の任に就くように』との指示を受けておりました」

──言葉はきちんとしていたのか。

「私がお会いした時点では、はっきりしておりました」

──呂律《ろれつ》が回らないとか。

「いや、そういうことはありませんでした」

自作自演

青木は小渕の重病に乗じて「自作自演」のクーデターを仕掛けたとしか言いようがない。理由は国民の前に総理の正確な病状を伏せた状態で、後継総理の選任を仕切ることに腐心したがためである。極論すれば、小渕が生きているのか、死んでいるのかすら国民は把握できなかった。言うなれば、生きているのに死んでいることにして、あるいは死んでいるのに生きていることに情報を操作して、総理という最高権力の移譲を図ったのである。怖ろしいのはその事実の隠蔽《いんぺい》にある。

青木は小渕と二人っきりの病室で、意識の朦朧《もうろう》とした重病の小渕に向かって耳元で大きな声を張り上げ、総理の座を俺が仕切ってもいいんだな、と言ったとでもいうのだろうか。

順天堂医院の小渕の医師団が国民の前に姿を現したのは、小渕が息を引き取ってからだ。権力者の病気は本来、治療に当たる医師団がその責任で公表すべきものだが、それは一度もなされなかった。入院直後から刻一刻、医師団が会見していたら、青木の言う「小渕の病室」での会話がいかに欺瞞《ぎまん》に満ちたものであったか、その化けの皮が剝がされていただろう。

少なくとも青木が小渕の指名で首相臨時代理に就くことの正当性が疑われただろうし、そうであれば当時幹事長の森喜朗が後継総理に選ばれたのか、きわめて疑わしい。国民を欺いてクーデターを弄した青木らへの批判が噴出し、後継総理選びどころの事態ではなかっただろう。医師団は青木と結託して情報操作をしていたという誹《そし》りはまぬがれなかった。

小渕は危篤だった。その小渕の病状を国民に伏せたのは、前述した青木ら自民党幹部の五人組による小渕から森への権力移譲のクーデターを成功裡《り》にやり遂げる態勢固めの、時間稼ぎだったように思える。

赤坂プリンスホテル五五〇号室

五人の密室謀議の舞台となったのは前述したように東京・千代田区の赤坂プリンスホテルだった。国会議事堂からほど近い場所にある。

地下鉄・赤坂見附駅から地上に出ると眼前に聳え立つ、超高層四〇階建ての五階（当時）。べージュの壁、回廊に敷きつめられた茶色の絨毯を踏んで曲がりくねったフロアの突き当たりに五五〇号室はあった。この部屋は青木がプライベートな会合や記者との懇談のために年間を通して借りているスイートルームだった。日射しが燦々《さんさん》と降りそそぐ豪華な室内には、一〇人で囲める厚いガラスでしつらえた会議用のテーブルが備えられ、隣には仮眠用のベッドルームと応接用の部屋があった。

この赤坂プリンスホテル五五〇号室を舞台に、青木らはどのような会話を交わして権力移譲を図ったのか――。これまで明るみに出なかった複数の関係者らの証言をもとに再現してみたい。

それは四月二日早朝、一本の内線電話から始まった。

参院議員宿舎で、日曜日のためくつろいでいた村上正邦参院議員会長（当時）の部屋に備えつけの電話が鳴ったのは午前七時頃のことだった。小渕が順天堂医院に緊急入院したのはこの日の午前一時十五分ごろだから、既に約六時間が経っていた。

電話をかけてきたのは青木だった。村上が「何事ですか。こんな朝早くから」と尋ねると、青木は切迫した声で「大変なことになりました。そちらの部屋に伺ってもいいですか」と言うのだった。青木が、古川秘書官から小渕の緊急入院の連絡を受けて以降、最初に電話をした自民党幹部は村上だった。青木は急いで同じ宿舎の村上の部屋に来た。

青木「小渕さんが倒れました」

村上「いったい、どんな容体なのか」

青木「重いということで、担当医と面会しようにも面会できません。あとの対応をどうするのがいいか……」

村上「青木さん、官房長官として緊急会議を開いてくれ。連絡を取るのは森、野中、亀井だな」

村上の部屋に青木がいたのはわずかな時間だが、彼は終始深刻な面持ちだった。青木は赤坂プリンスホテルを緊急会議の招集場所にすることを告げて、自室に戻っていった。この時点で青木は誰よりも早く、小渕が重い病状で倒れ、運ばれたという第一報を受けていたのは疑いようがなかったが。

同日午後一時ごろ、その五五〇号室に五人の顔が揃った。青木、森、野中、亀井、村上だ。日曜日だったにもかかわらず、皆スーツ姿で駆けつけ、一様に沈痛な表情だった。

青木が小渕の病状について、容体が重く、当分の間安静が必要だと報告した。しかし、詳しい病状などは語らなかった。そして、「この事態にどう速やかに対応したらいいのか」と持ちかけた。これに対して野中が青木に詰め寄るようにして、「いつまでも小渕さんの病状を伏せておくわけにはいかないだろう」と、記者会見を開くように勧めたが、青木は「そのことは、とりあえず夕方まで待ってほしい」と口を濁した。小渕の病状をおおやけにするということは、小渕が首相臨時代理を指名できるような言葉を発せられる状態にあるか、逆にそのような言葉すら発せられない重病にあるのかをオープンにすることを意味する。青木は前者を選んだ。そのスイッチの掛違いで青木は前述したように小渕の容体の説明に窮し、言葉が二転三転していくことになる。青木はどうしても首相臨時代理に指名されなくてはならなかったのだろう。

話を戻そう。ホテルでは、こんな会話もあった。

亀井「臨時代理を置かなくてはならないが、官房長官がなるのが筋だろう」

村上「青木さんは、ここにいるよりも、とにかく、（小渕の）古川秘書官ら事務方といろいろと打ち合わせに行ったほうがいいのではないか」

森はほとんど目立った発言をしていない。

午後七時過ぎ、青木は順天堂医院に向かった。小渕と面会し、ホテルに戻ったのは午後八時頃だった。青木に合わせるかのようにして他の四人も再び集まった。隣の部屋には青木のＳＰと秘書が詰めて、時々部屋にかかってくる電話は秘書が受けていた。問題の権力移譲の密議が交わされたのはこの時だ。午後九時過ぎには、五人の密室会談で小渕後継や首相臨時代理の選任を巡り大勢が固まっていった。レールが敷かれたのである。

密室での森総理誕生

この会談では、青木が口火を切った。

「小渕さんの容体は非常に重い。長期間にわたって再任できないようです。総理の仕事は執務不能です」

この時、青木から小渕が「有珠山噴火のこともあり、何かあったらよろしく頼む……」など、後に問題となる小渕の発言があったという報告は、なぜかなされていない。ただ青木から執務不能と聞き、相当深刻な状況と皆察した。

野中は「幹さん（青木の呼称）、いつまでも小渕さんの病状を伏せておくわけにはいかないだろう」と、再び青木に記者発表を促している。

話は空白となった権力の座をどうするかに移っていった。

村上「小渕さんが長期にわたって再起できず、執務不能という状態であれば、小渕さんの後継を決めなくてはならない」

亀井「首相臨時代理はあくまで暫定的なもので、そのまま首相になるってわけにはいかないからなあ」

村上「自民党幹事長というキャリアからいったら森さんを後継にしたらいいじゃないか」

森はこの一言を待っていたようだ。巨軀をしきりに左右に揺らし、落ち着きを失っていた。

亀井「森さん、（総理を）やりたいんだろう。やったら、いいじゃないか」

村上「亀ちゃんもああ言っていることだし、森さんしかいないんじゃないの」

小渕後継は森、と口火を切ったのは村上だった。野中は異論を挟まなかった。また、森以外の名前は具体的に挙がることはなかった。その間、青木は終始、沈痛な顔つきで言葉数も少なかったが、流れが森に落ち着きそうになると、「それでいいんじゃないですか」とだけ言った。森はそれまで何か言いたげにしていたが、最後にこう言い放った。

「私のようなものでお役に立つのであれば（小渕後継の総理を）やらさせていただきます」

森が五人の謀議で小渕後継に決まった瞬間だった。この間、村上は森に「ちゃんと派（清和会）をまとめられるんだろうな」と尋ねていた。九八年の総裁選で、小渕に対抗して自民党総裁選に清和会から出馬した小泉純一郎の出方が気になっていたからだ。森は自信ありげに、「大丈夫、純ちゃんはちゃんと収めます」と言った。

亀井も森に「身辺はきれいなんだろうな」と聞いた。女性関係のことだった。森は薄笑いを浮かべながら、何度か手を横に振るのだった。

その間、青木と野中は途中何度も席を立ち、隣のベッドルームで頻繁に電話をかけたり、秘書と顔をつき合わせて言葉を交わしていた。

この頃になると、午後に集まった時の重々しい雰囲気は薄らいでいた。野中は古賀誠国対委員長をホテルに呼ぼうとして、何度も携帯で連絡を取ろうとしたが、繋がらなかった。

古賀をホテルに呼ぶには理由があった。国対委員長として、森を一気に総理に就任させるための根回しの打ち合わせと、もう一つ、ポスト小渕の有力候補とみられていた加藤紘一《こういち》元幹事長と、加藤の率いる派閥・宏池会《こうち》(旧宮沢派)の総裁への動きを未然に封じるためだった。加藤は「反小渕」と標榜している。加藤側近でもある古賀を密談場所のホテルに呼び入れたと印象づけることで、加藤は身動きできなくなると踏んでいたからだった。

古賀は夜遅く五五〇号室に入ってきた。もう、後継は森という流れになっていた。普段着の古賀に、野中は「いったいこんな時にどこにいたんや」と叱言のように言った。古賀は平身低頭した。

ホテルには平成研幹部の村岡兼造《かねぞう》も駆けつける。村岡は、五五〇号室には姿を見せず、別の部屋をとった。青木、野中、村岡の三人の幹部が、森を後継にすることで合意すれば、平成研の大方の総意が固まったのも同然だった。

三日間で政権交代

後継は森に決まった。首相臨時代理については、最初から青木を選任という雰囲気だった。最後まで小渕が首相臨時代理を指名できるような状態だったのかはこだわることなく、後継総理を決めていく重大事がこのように国民への説明を抜きにして決められていった。

密室会談は続く。

村上「（首相臨時代理は）青木さんでいいんじゃないの」

亀井「官房長官がやるのが筋でしょう」

しかし、青木は一度はこう口にした。

「閣内には、総理経験者の宮沢（喜一・当時大蔵大臣）さんがいらっしゃるので……」

森は「河野洋平（外務大臣）さんもいらっしゃいますね」と口にし、その場を青木が、「一応、宮沢さんに連絡し、相談してみます」と引き取った。

青木は形だけでも宮沢に失礼がないように連絡をとるという口振りだった。首相臨時代理を拒むような素振りはまったくなかった。

その後、青木はこの日午後十一時過ぎに宮沢に連絡を入れている。が、相談というべき切り出し方ではなかった。青木は宮沢に対し、小渕の入院と、「総理の指示を受けているので、私が必要に応じて首相臨時代理を務めさせていただく」と一方的に告げただけだったという。

小渕が重病に臥していることを国民に隠したままで、自民党幹部五人の密室会談で総理は交代させられた。翌四月三日、青木は首相臨時代理に就任。後は形式を踏めばいいとばかりに、一気に突っ走っていく。

一方、小渕の千鶴子夫人は小渕の総理辞任を容易に認めようとしなかった。

〈小渕の首相臨時代理になった官房長官青木幹雄は（四月）四日午前の記者会見で小渕内閣総辞職を初めて示唆した。

「国政は一刻も空白をつくることはできない。いずれは何らかの決断をしなければならない」

小渕の病状は一段と重篤《じゅうとく》になっていた。しかしこの段階で小渕の家族は回復への望みを捨てきれず、青木の懇願にも容易に首を縦に振らなかった。青木の必死の説得を受けて夫人の千鶴子が首相辞職を認める判を押したのはこの会見の後だった〉（後藤謙次『ドキュメント平成政治史2』岩波書店）

青木は同じ四月四日、午後七時、臨時閣議を開き全閣僚から辞表を取りまとめ、小渕内閣は総辞職した。そして四月五日、自民党は衆参両院議員総会を開き、森を自民党総裁に選出。すぐに衆院本会議で首相指名選挙が行われ、森が首相に選出されたのである。四月二日午後、五人が赤坂プリンスホテル五五〇号室に集まってから、わずか三日間で政権が変わった。すべての原点は、病室という密室で、青木たった一人だけが小渕と面会できた政治家だったことにある。

ある自民党幹部は、小渕が集中治療室に入ったことを知り、病室は無理でも部屋の外から小渕を見舞うつもりで駆けつけたが、古川秘書官に断られた。

小渕の後継総理に就任することが確実となった森は四月四日夜、東京・紀尾井《きおい》町の赤坂プリンスホテルで清和会会長代行（当時）の小泉純一郎元厚生大臣と会談し、早くも就任宣言をした。

「天命だ。精いっぱい努力するので、協力をお願いしたい」

森の後任会長には小泉純一郎を内定。森は自民党の衆参両院議員総会で、自民党新総裁就任挨拶をした。

「小渕（前）総裁の気持ちを受け継ぎ、責任の重さを感じ、身も心も引き締まる思いだ。小渕前総裁が病院でベッドで病と闘っているかたちでの退陣は、学生時代から四十年余りの付き合いがあるだけに断腸の思いだ」

早稲田雄弁会の上下関係

青木は政権を、小渕から一気に森に持っていった。青木にとって森は、早稲田大学の一年後輩。早稲田大学の弁論部、早稲田雄弁《ゆうべん》会で同じ釜の飯を食った仲間であり、麻雀仲間でもあった。小渕は三年後輩の雄弁会仲間だった。青木と森の親分・子分関係、あるいは兄弟関係の因縁は深い。

青木が早大雄弁会幹事長になったのは五七年九月だった。森はその青木との因縁について、

『早稲田大学雄弁会百年史』にこのような一文を寄せていた。（一部抜粋）

「青木幹雄さんが雄弁会幹事長に選ばれた。私は青木さんの擁立工作に奔走し、その働きが評価されて渉外担当の幹事役になった。

青木さんは無類の麻雀好きである。しかもその学年は麻雀好きが多く、毎日のように行きつけの雀荘で卓を囲んでいた。そのせいで、幹事会などの開会が遅れることもしばしばだった。ある日、幹事会を始める時間を過ぎたのに、青木さんがいっこうに現れない。いつもの雀荘にいることはわかっていたから、私が迎えに行って『もうみんな集まっていますよ』と告げた。それでも青木さんは、『あと半荘だから待てや』と言って腰を上げようとしない。私は堪忍袋の緒が切れてしまい、『いいかげんにしろ！』と怒鳴って麻雀卓をひっくり返したこともあった」

青木はその森を総理の座に押し上げ、小渕の重病を機に総理を操る陰然たる実力者となった。

私の手元にB４判サイズで六頁の薄いパンフレットのコピーがある。早稲田大学創立七十五周年・早稲田大学雄弁会五十周年を記念して開かれた「学生模擬国会」の式次第などを記したもので、日時は一九五七年（昭和三十二年）十月二十七日午後一時半、場所は大隈小講堂だ。

興味深いのは、そこに名を連ねる面々。まず、開会式の挨拶は早大雄弁会幹事長・青木幹雄。祝辞は自民党総裁・岸信介、社会党委員長・鈴木茂三郎が寄せている。

本会議は事務総長報告として、事務総長・森喜朗、次いで施政方針演説として内閣総理大臣・

青木幹雄と記されているのだ。青木は総理と共に、早稲田党（約八五名所属）の総裁に就いていた。

このパンフレットは、青木と森の二人の因縁がこの早大雄弁会の時から始まり、その関係は五十年余りにわたる一端を窺わせる。約半世紀も前の学生の「模擬国会」とはいえ青木が総理・総裁という最高権力の座に就き、森が事務総長とは——。青木に森がその後も頭が上がらない力関係を彷彿させる。小渕の急病、そして後継総理に森を就ける一連の動きの中で、青木は小泉純一郎、安倍晋三、福田康夫らに連なる政権を陰で支配する不気味な実力者となっていった。

「病室クーデター」は、小渕から森への政権交代だけではない。もう一つ、平成研のボスが、小渕から青木へと移ったことを意味している。実は、小渕は生前、青木への不信感をあらわにしていた。小渕の元側近によると、小渕はこう吐露していたという。

「あの男（青木）はとても、長年にわたって竹下さんに仕えてきた男とは思えない。本当に怖い男だ。あまりにも表と裏がありすぎる」

小渕は青木の本質を見ぬいていたのだろう。不安は的中した。

聖域となった参議院

青木はその後も、参院にあって権勢を振るう。二〇〇〇年七月、青木は官房長官を退任した。

この時、村上正邦らは料亭で青木を慰労した。関係者によると、この場で青木は村上にこう懇願したという。

「亡くなった竹下さん、小渕さんの遺志を継いで派閥を守っていかなくてはなりません。そのためには無役の傘張りではダメ。政権の中枢にいなくてはならないんです。(参院)幹事長にさせてもらえませんか」

村上はこの要望を受け入れ、正式な手続きを経て結局、青木を幹事長に据えた。しかし、その後の青木は前述のように竹下が作った派閥(経世会)を守るのではなく、捨て去るようにして小泉純一郎の許へ走った。当時の青木の口癖は、「ウチの派閥がまとまっていれば、何も怖くない」という一言だった。が、青木はその派閥を自ら壊していった。

青木は、参院幹事長として臨んだ〇四年七月の参院選挙の直前「目標の五一議席に届かなかったら自民党は死に体になる。私は責任をとって幹事長を辞任する」と明言していた。結果は四九議席だった。ところが青木は、辞任の前言を翻し引責昇格、何と参院議員会長に昇格したのだった。小泉にとって参院を握る青木は、政権にとって欠くべからざる存在だったからである。小泉自身、青木を慮って参院だけは「聖域」とし、いっさい手をつけることがなかった。

血脈8

角栄と佐藤昭子

――田中角栄に半生を捧げた「越山会の女王」の見た眞紀子

角栄の金庫番

「雄一郎（田中角栄の孫で眞紀子の長男）が選挙への不出馬宣言をしたと聞いて、つらかった。せつなかった。私は悲しい。オヤジ、田中はいつも『俺の後は孫の雄一郎を出したい』と言っていたのよ」

私の携帯電話が鳴ったのは二〇〇二年の終戦記念日も過ぎた八月のある午後のことだった。声に、やや訛《なま》りのある女性は何度も、せつないという言葉を繰り返した。

東京はうだるような暑さの毎日だった。

数日前、私は東京・赤坂界隈のある高級マンションを探しながら歩いていた。近くの神社の境内でひっきりなしに蟬が鳴く。背広の胸には、件《くだん》の女性に宛てて書いた手紙をしのばせていた。そこには、次のような文章をしたためていた。

〈拝啓

立秋とは名ばかりでまだまだ暑い日が続いております。初めてお便りいたしますご無礼お許しください。

実は佐藤様には十年ほど前に平河《ひらかわ》町の事務所で一度お目にかかっています。覚えておられますでしょうか。あらためてお礼を申し上げます。

さて筆をとったのは、眞紀子のことでお尋ねしたいからです。

昨年（〇一年）十一月から新潟へ行っていました。眞紀子を書くためです。眞紀子を取材するにあたり私はいくつかのことを考えました。ひとつは（田中眞紀子外務大臣について）外務省や首相官邸の〈眞紀子バッシング〉のリークに染まる形で書きたくない。本当の眞紀子を知りたい。それには新潟のひとびとに語らしめるしかないのではないかという点です。二つには、眞紀子の政治家としての原動力が、田中角栄元総理を裏切った竹下（登元総理）らへの怨念だというが本当だろうかという点。そして眞紀子を書くなら目白（東京・文京区）の家、つまり田中元総理からの系譜を辿るところから始めるのが妥当ではないかという点でした。では、新潟に足を運んでみてどうだったか。

私の中で「角栄と眞紀子」の本当の姿を知りたいという願望がふくらんできました。それは、たとえば角栄の母はどんな人だったのか、そして目白はいったい、どんな家だったのか、角栄は娘、眞紀子をどう見ていたのか――を知らなくてはわからないことです。「角栄と眞紀子」について、話をうかがえないでしょうか。他にこのテーマを語れる人はいないと思うからです。小沢一郎でも、ましてや野中広務でも、いまの経世会には存在しません。苦労や喜びを角栄と共にしてきた佐藤さんしか

佐藤昭子

おりません〉

佐藤、この女性こそ眞紀子の父である田中角栄の側近中の側近、いや角栄の分身ともいうべき存在だった佐藤昭子《あきこ》その人である。彼女は一九二八年（昭和三年）、新潟・柏崎市生まれで、七九年（昭和五十四年）名前を「昭」の一字から「昭子」に改名している。

昭子の存在がクローズアップされたのは七四年（昭和四十九年）、角栄が金脈問題を糾弾されたときのこと。彼女は角栄の奥の院にひかえる金庫番、「越山会《えつざんかい》の女王」というスキャンダラスな存在になった。

越山会は、田中角栄の後援会。角栄が四回目の当選をした五三年（昭和二十八年）に越山会は発足し、六〇年に角栄のファミリー企業、越後交通が発足すると同本社内に越山会本部が置かれた。「越山会の女王」と呼ばれた角栄の秘書・佐藤昭子が経理を仕切った最盛期は、会員数が九万五〇〇〇人。八三年、角栄がロッキード事件の一審有罪判決を受けての総選挙では約二二万票という大量得票を得た。

彼女は、田中派で親しみを込めて「昭ママ」、あるいは「ママ」と呼ばれた。ある角栄の元側近は、昭ママは角栄がカネ、派閥、私生活のいっさいを任せた女性で、角栄の心の襞までつかんで采配を振る、それこそ女房以上の存在だったと評している。

角栄との出会い

昭子は一九二八年（昭和三年）八月、新潟県柏崎市で文房具から化粧品まで日用雑貨を扱う「よろずや」の末っ子として生まれた。戸籍名は昭。

昭子は生まれてわずか五年後に父を亡くした。その後、次兄、姉、長兄が次々と病で亡くなり、昭子と母・ミサの二人だけが残された。その母も、昭子が新潟県立柏崎高等女学校に在学中の四四年、病で亡くなり、昭子は十五歳にして天涯孤独の身になっている。

角栄と昭子が出会ったのは戦後間もない四六年のことだ。角栄はその年、戦後初の総選挙に出馬し、昭子のよろずやにも挨拶回りで訪れていた。角栄二十七歳、昭子は十七歳の時だった。

この年の九月、昭子は最初の結婚をする。相手は角栄の選挙で応援弁士を務めた、同人誌を主宰する文学青年だった。翌年、夫婦は角栄を頼って上京し、夫は角栄が東京・飯田橋で営む田中土建工業の電気工事を請け負う会社を設立する。この頃、昭子は長男を出産したが、名付け親は角栄だったという。

田中角栄

昭子の夫の会社が傾いていくのは、朝鮮戦争が起こった五〇年頃だ。昭子は、母の遺した柏崎の生家を処分してまで事業資金を工面するが、夫は別の女をつくって家に帰らなくなっていた。昭子は離婚を決意する。

その苦境を知り、角栄は「俺の秘書にならないか」と声をかけた。五二年のことで、ちょうど昭子の母の命日だった。昭子は幼い息子を夫のもとに残して家を出る。角栄は昭子への秘めた思いを打ち明けている。

「きょうは二月二十三日か。また君のお母さんの祥月命日だなあ。ほんとに不思議な因縁だ。俺と君が初めて会ったのもお母さんの命日だったし、こうして会えたのは、死んでも死にきれないで君のことを心配していたお母さんが俺に託したんだよ」

この日から三十三年間に及ぶ角栄と昭子の二人三脚が始まったのである。

ただ、昭子は五四年に二度目の結婚をしていた。夫は一流企業のサラリーマンだった。結婚式で身寄りのない昭子の親代わりを務めたのも、角栄である。そして、角栄は三十九歳にして郵政大臣に就任し、六一年に自民党政調会長、六二年に大蔵大臣、六五年には四十七歳にして自民党幹事長と、異例の早さで総理の座に近づいていく。一方、昭子は平河町の砂防《さぼう》会館にあった田中事務所の秘書を任せられる。その間、夫と六二年に二度目の離婚をし、秘書としての激務をこなす日々だった。

「私の『田中角栄』日記」

佐藤昭子は唯一の自伝、「私の『田中角栄』日記」（「新潮45」九四年十月号〜十二月号）をこう始めている。

〈昭和四十七年七月四日（火）晴

いよいよ明日、総裁選挙。無我夢中で走り続けているうちに、この日を迎えることになった。

思えば田中角栄という政治家の秘書になってからちょうど二十年。

「お前と二人三脚でとうとうここまで来たな」。昼間、事務所でお茶をすすりながら、田中がしみじみと述懐する。

「お前と二人三脚で……」は、政調会長、大蔵大臣、幹事長とそれぞれの節目で言ってくれたお得意の科白。でも、これより先はもうない。

政治家として、亦男として本懐かもしれないが、私自身は空恐ろしい気がしないでもない。

十年前、大蔵大臣室で二人だけになった時、初めて「天下をとれるかも知れないぞ」と言ったことをふと思い出した〉

それから幾歳月が流れ、角栄が八五年（昭和六十年）二月に脳卒中で倒れ、それから一年三カ月後に、田中家により田中事務所が閉鎖されてから、昭子は政治団体・政経調査会（高島修会長、東京・平河町）を主宰。角栄と共に培《つちか》った人脈をもとに政治家と財界に官僚らをつなぐコーディネイトの場を提供してきた。

その一方で、前述の自伝を九四年（平成六年）に「新潮45」で発表して以降、メディアに登場することはほとんどなかった。眞紀子が村山富市内閣で初入閣（科学技術庁長官）した際にも小泉純一郎内閣で外務大臣に就任した際にも、そして一連の「公設秘書給与ピンハネ疑惑」の渦中でも、まったく口を開こうとしなかった。眞紀子の政治家としての評価はもちろん、その人間性についても、沈黙を守っていたのである。

田中眞紀子元衆院議員の元公設秘書らが二〇〇二年、週刊誌で告発した「公設秘書給与ピンハネ疑惑」。国は公設秘書らに一定額の秘書給与を支給しているが、告発によると田中眞紀子事務所の場合、秘書らは眞紀子のファミリー企業・越後交通の社員扱いでそこから給与を支給。国が支給の秘書給与は眞紀子が受け取っていたため、これが給与のピンハネによる詐欺に当たる流用ではないかという疑いを持たれた。

昭子は「私の『田中角栄』日記」の中に角栄が倒れた後の眞紀子の行状についてこんな生々しい文章を残している。

〈昭和六十年六月六日（木）快晴

龍ちゃんが事務所に飛び込んできて、「このイトーピアの事務所が閉鎖される」と。田中直紀氏が木曜クラブで発表したという。私たちには全く寝耳に水。田中の政治活動の拠点だったイトーピア事務所が閉鎖されれば、田中の復帰は不可能だと自ら宣言したも同然。何というバカなことをしたのか。腹の中が煮えくり返る。けれど、田中が一番悪い。創政会を甘やかしたのも、娘を甘やかしたのも、すべて田中だ。田中を恨む〉

そしてもう一カ所、角栄が死去した九三年（平成五年）十二月十六日の日記にはこうある。

〈田中が倒れてからの来し方九年間を考えると、ああ悲劇の政治家だったな、と思わざるを得なかったのだ。私と二人三脚で走った三十三年間に比べ、その晩年はあまりに哀れだった。いかに口惜しい思いをしていただろうか。あれだけ誇り高い男が、愛娘に連れられて故郷に帰り、「目白の骨董品が来ましたよ」といわれたのだから……〉

眞紀子とはいったい、どんな女性なのか。父・角栄に何を見たのか。邸宅がある目白で、彼女の家族はどう息を潜めているのだろうか。私は、昭子に辿り着くまで新潟で角栄と眞紀子の来歴の取材を続けていた。

『田中』と書きたいんです

二〇〇一年十二月の新潟・長岡市は時に朝から氷雨が降り、やがてボタ雪に変わる日が続いた。

初老の自営業者はこう語った。

「越後の人は、投票の時に『田中』と書きたいんです。『田中』と。下の名は、誰だっていいんだ。仮にな、眞紀子でなくたっていい。皆、角サンへの恩義を返したいんです。雪深い山間部ほどその気持ちは強い。赤ん坊が高熱を出して医者に見せようにも、トンネル（隧道）があれば三十分とかからないで行けるのに、トンネルがなくてガッポ、ガッポと腰までつかる雪の中を一日もかかって歩いてさ。母ちゃんの背中で赤ん坊が冷たくなって死んでいたという話は本当にあった。角サンは、そんな貧乏な村にトンネルを引いてくれたんだ」

長岡から車で一時間弱で角栄の実家がある農村、西山町（現・柏崎市）に着く。眞紀子がこの実家に足を運ぶことはめったにない。実家には、角栄が五十四歳で総理になった七二年、「総理大臣がなんぼ偉かろうが、あれは出稼ぎでござんしてね。アニ（角栄）もそう思うとります……」と語った母・フメ（七八年四月、八十六歳で死去）が長く住んでいた。

西山町のある町議（六十代）はこんな光景を覚えていた。

角栄が総理になる直前のことだった。村で法事があった。フメは朝早く法事のある農家に来て、板張りの台所に、ちょこんと座りジャガイモの皮を剝いていた。

「フメさん、仏様のいる座敷で休んでくださすな」

と声をかけると、フメは頭を下げながら、こう言ったという。

「どんぞ、ここに居させてください。こんなバアちゃんで悪いけど、倅《せがれ》が世話になった仏様だ。オラができることはイモの皮剝きぐらいだから」

コシヒカリの産地で知られる南魚沼郡六日町（現・南魚沼市）。県内でも有数の豪雪地帯で、角栄の強力な支持基盤でもあった。六十代の町元幹部はこう言った。

「昭和五十年代の後半まで、ここは出稼ぎの村だった。正月の三ケ日も東京からの汽車賃がもったいないと出稼ぎの飯場から帰って来なかった。田中（角栄）先生が企業を誘致されるようになって、それまで牛や馬を使っていた農耕仕事が、小さな耕運機を買えるようになった。あんたら、マスコミは東京にいるから、わからないんだ。田中先生のやったことを、『公共事業の利益誘導政治』と批判するが、豪雪の村に道路をつけることがどういうことか、（筆者が）二月中旬の大雪の時に南魚沼へ来てみろ」

これが角栄型政治だ。

「雪は何万年も昔から降っている。春になれば解ける」と言って村の人々の陳情に取り合わなかった中央官僚に、「雪は災害だ」と認めさせた角栄。だから恩義がある、「田中」と書きたい。そう願う人が多く残った。これが角栄の遺産であり、「田中王国」が磐石《ばんじゃく》な理由だった。

眞紀子の異様な言動

では、娘の眞紀子はどうだろうか。雪に喘《あえ》ぎ、貧しかった村の人々の心象風景を眞紀子はわが事のように理解できていたのだろうか。

眞紀子の元秘書は、眞紀子が新潟の冬の風景に触れ、こう口にするのを聞いていた。

「あんなじめじめしたドブネズミみたいな鉛色《なまりいろ》の空なんか見たくない。気分まで暗くなる。ハワイ、グアムに行っていたほうがいい」

冗談で口にした言葉だろうか。また、長岡に着き、車で角栄の郷里・西山町に向かう予定になっていた時のことだ。西山町には眞紀子の到着を今か、今かと待つ地元の人々がいた。にもかかわらず、彼女はこう発したのである。

「行きたくない、やっぱり行きたくない。あの家（角栄の実家）はふだん使っていないから、寒いし埃っぽい」

また、彼女は秘書も冷遇した。彼女の名前が付いた名刺を誰に何枚使ったのかを報告させ、ある秘書には休日でも一日三回朝昼晩、どこで何をしているのかを報告させた。

「あなたは勝手に私の名前を使って悪さをするでしょう」と言った。

「あなたの給料は私の給料から出ているんだからね」

新潟から議員会館に来ていた妻子持ちの四十代後半の秘書が辞める時だ。眞紀子は秘書の実家に電話をし、年老いた両親にこう言い放ったという。

「お宅の息子は何てバカなんですか。息子にどういう教育をしたんですか」

私はまだ彼女の異様な言動を知っている。これが角栄の娘かと情けなくなる言葉の数々だ。いったい、眞紀子は角栄から何を引き継いだのか。眞紀子にとって目白がすべてで、新潟の人々や秘書たちは目白を支える部分だとでもいうのか。角栄への恩義という財産を、娘は食い散らかしているとしか思えない。

眞紀子の前述した「公設秘書給与ピンハネ疑惑」が噴き出してから、新潟の後援会幹部の一人は、西山町の角栄の墓前でこう吐露したという。

「角サン、もうダメかもしれん。申し訳ない」

眞紀子が「公設秘書給与ピンハネ疑惑」で議員辞職した二〇〇二年八月九日。日の暮れた東京・目白の邸宅前に、白っぽいワンピースを装い、真っ赤な口紅を塗った眞紀子が姿を見せた。女性にしては野太い彼女の声を聞きながら、私はかつて「越山会の女王」と呼ばれた佐藤昭子の話を今こそ聞きたいと思った。今の眞紀子に角栄から教え継がれているものはあるのか、角栄の政治的遺産はどうなっていくのか。その疑問に答えられるのは佐藤昭子を措いていないだろう。

そんな思いを手紙に託し、私は佐藤昭子のマンションに通った。そして手紙を郵便受けに残して数日後、彼女から私の携帯に突然電話がかかってきたのである。彼女は息もきらさず一気に話し始めた。これまで明かそうとしなかった眞紀子の素顔を、雄一郎への思いを、約一時間にわたりせつせつと語ったのである。まるで私の訪問を待っていたかのようだった。

角栄と眞紀子の関係

――手紙にも書きましたが、角栄と眞紀子さんの知られざる父子関係を本当にわかっているのは、佐藤昭子さんしか存在しないと思いますが。

「私はね、三十三年間、ずっと独身を通して田中に仕えてきたの。三十三年もの間よ。あなたの言うように、私のほかには田中角栄のことを知っている人間はいないわ。山田泰司さん（角栄の元秘書）とか、いらっしゃるけど、私のようには語れないわ」

――だから昭子さんのひと言には重みがあるのではないですか。

「私は、いつもオヤジ（角栄）さんのために、どうやったらオヤジさんのためになるのかということばかりを考えて生きてきた。あなた、このことがどういうことかわかるの。私の一生と言ってもいいぐらいの、半生を捧げてきたのよ」

――一連の「眞紀子報道」では、新潟の越後交通から出向していた元秘書らが発言していますが、彼らも昔に遡っての角栄と眞紀子さんの関係については知らないでしょう。

「そうよ。だって、その元秘書さんたちは角栄のことを知らないでしょう。角栄のことを知らなくちゃ……」

――私も、たとえば眞紀子さんの夫・直紀さんが福島から衆院選に出馬していた頃に、眞紀子さんが新潟から駆けつけ、福島の支援者に向かって「パパを落としたら承知しないからね。この野郎」と怒鳴りつけた場面を聞いています。秘書らをまさに使用人のように扱った眞紀子さんの高慢な人間性には耳を疑いました。

「田中のオヤジさんはね、人の前で相手を面罵したことはただの一度もなかったのよ。相手がどのような職業であれ、分け隔てなく接していた。こうやって、あなたと話をしているのも、オヤジさんから私が、『先方がちゃんとした形で話をしたいと言ってきたんだから、どんな事情であれ、自分のほうから連絡を取ってあげなさい』と言われていたからなの。それこそ、オヤジさんから何度も聞かされた。私はこの間、マスコミに出てこなかった。新聞社から一言だけ、と言われたときも断ってきたのよ。だから、本当は断るつもりだったんだけど」

――今回の眞紀子辞任はどう受けとめられたのですか。

「私がね、本当に残念なことは、雄一郎さんが（政治家への）不出馬宣言をしたことなの。新聞では雄一郎さんが弁護士を通じて『今後も選挙に出る考えはない』と言ったというじゃない。私は不出馬と言ったことが、とても悲しい。先日も、ある知り合いが『（昭子）ママ、どうなるんだ』と言ってきたけど、私はせつない気持ちでいっぱいなのよ……。オヤジさんはね、私に何度も『孫の雄一郎に（政治家を）させたい』『雄一郎にやらせたい』と、そりゃあ、数え切れないぐらい言っていたのよ」

――不出馬宣言の理由は、目白で、眞紀子さんと雄一郎君の間がぬきさしならない確執、あえて言うなら親子の断絶状態にあるからではないですか。おじいちゃん子だった雄一郎君の眞紀子さんへの反目のようにも見えます。

「でも、どうして今後も出る気がないとまで言っちゃうのか。私はショックを断ち切れていないのよ、本当は。オヤジさんのことを思うと、せつなくて。眞紀子さんはね、知っていると思うけど、若い頃、劇団『雲』に所属していたことがあるのよ。だから演説やパフォーマンスはうまい。すぐに涙を浮かべることだってできる。選挙区の新潟に行って、サッとジーンズに着替えて、『田中角栄の娘が、目白の母ちゃんが来ましたよ』と一席ぶつぐらいのことは、ちゃんとできる子なのよ。ただ、政治の世界に生きたオヤジさんの背中を見ていなかった」

眞紀子は政治を知らない

――政治家・眞紀子さんの底流にあるのは、父・角栄を裏切った竹下元総理ら経世会への怨念があると言われていますが、どう思いますか。手紙にも書いたように、眞紀子さんは角栄の姿を継承しているようには感じられません。

「眞紀子さんは怨念という言葉の本当の意味をわからないで使っているのかもしれない。彼女は政治を知らないんですよ」

――どういうことですか。

「梶山静六や小沢のイッちゃん（一郎）たちは、常々『オヤジの棺桶を担ぐのは俺たちだ』と言っていたんです。ところが、オヤジさんが亡くなった時、眞紀子さんは彼らに死に顔を見せてやらなかった。見せたのは、総理の細川（護熙《もりひろ》）、衆院議長の土井（たか子）、自民党総裁の河野（洋平）だけですよ。こんなバカな話がありますか。その人たちは反田中だったんじゃないですか」

――ただ、角栄が病に臥《ふ》すきっかけになったのは竹下や梶山、小沢らの創政会結成に原因があったからでしょう。

「だから、眞紀子さんは田中の背中を見ていないんです。田中政治というものが、どういうものだったのかを本当は知らない。なぜ、オヤジさんが竹下らのことで酒を飲んだのか。たしかに創政会結成は、オヤジさんが倒れていくきっかけとしては大きいのですが、眞紀子さんはまったくタッチしていなかったことですよ。政治的な怨念というものがどういうものなのかを知らないんです」

――では、眞紀子さんは、何をしたくて一九九三年（平成五年）に新潟から衆院選に出馬してきたのでしょうか。

「私は、事務所が閉められて切られたのだから、わからない。ただ、眞紀子さんは当選してきて早くから経世会の幹部に、『私を外務大臣にしてよ』と言っていたという話は、その方から聞いている。オヤジさんの背中を見ていないから、そんなことが言えるんじゃないですか」

――角栄の秘書当時、昭子さんが眞紀子さんと面と向かうことは、どのぐらいあったのですか。

「私は田中の秘書を何十年もやった。眞紀子さんをアメリカのハイスクールに留学させる時だって、その準備のために一緒にデパート巡りをし、洋服を見たりもしたわ。でも、私は田中の事務所に詰めていたし、眞紀子さんとは直接的な接点はそんなにあるわけじゃなかった」

――夫の直紀さんとはどうですか。

「彼は、言い方は悪いけど彼女の附録よ、使用人。私はね、眞紀子さんを糾弾したくないのよ。あなたは、眞紀子さんが消えてくれればいいと思っているんですか」

――いや、このままでは眞紀子さんは沈まないでしょう。小泉政権は眞紀子さんがいたからこそできた。小泉純一郎は三度目（二〇〇一年）の総裁選で圧勝し総理に就くが、その異常人気の一因は眞紀子さんの存在にあった。眞紀子さんは、小渕恵三を「凡人」、梶山静六を「軍人」、小泉純一郎を「変人」と評し、国民の歓心を集めた。一方で眞紀子さんを外務大臣に就かせ、小泉の高支持率を支えるのに一役買った。

「私はね、あなたが手紙に書いていたようにいまのままでは、オヤジさんの郷里・新潟から『田中』と書く人間がいなくなっていくのが、とっても悲しい。オヤジさんを思って、『田中』と書きたい人がいるんですよ。もし今回の問題（公設秘書給与ピンハネ疑惑）で新潟の越後交通に

（司直の）手が入るようになったら、新潟はどうなってしまうのか。胸が、せつなくなってくる」

――眞紀子さんを諫められるのは、角栄に三十年以上もつきそってきた昭子さんしかいない。昭子さんだからこそ、できるのではないですか。それとも彼女と同じ土俵に立ちたくはないのですか。

「オヤジさんは、『女は子宮でモノを考えるところがあるから、政治家には向かない』と言っていた。ただ、私は何度も言うけど、眞紀子さんを糾弾したくないのよ」

眞紀子の「強力な意思」

昭子は何度もせつない、悲しいと繰り返した。言葉に詰まった時、電話の向こう側で彼女は泣いているのかとすら感じる時もあった。気がついたら、一時間近くが過ぎていた。

最後に私は、角栄と眞紀子を知るためにどうしても聞かなければならないことを質した。

――立花隆《たかし》が「文藝春秋」（七四年十一月号）に書いた「田中角栄研究――その金脈と人脈」をきっかけに、角栄の金脈問題に火がつき、結局は辞任に追い込まれて同年十一月に首相官邸で辞意を表明した。昭子さんは辞任の真相について、「私の『田中角栄』日記」のなかで、〈辞意表明は内閣改造から、わずか二週間後のこと。田中が辞任を決意した理由は様々だったと思う。健康問題、金脈問題の追及……さらに恐らくその最大の理由は愛娘・眞紀子さんの強力な意思ではなかったか。田中はただひたすら心身共に疲れ切っていた。田中が椎名悦三郎《えつさぶろう》副総裁ら自民党の四役に手渡した辞意決意文の一節に心を打たれる。

「わが国の前途に思いをめぐらす時、私は一夜、沛然《はいぜん》として大地を打つ豪雨に心耳《しんじ》をすます思いであります」〉と書いている。この証言の意味は深い。眞紀子さんの「強力な意思」とは何ですか。

「それはね、意味深長にしておいたほうがいいのよ」

――角栄の金脈問題が国会の俎上にのぼった当時、昭子さんの参考人招致も審議されていた。眞紀子さんは、父・角栄の金脈問題もさることながら、角栄に長年連れそってきた女性の佐藤昭子さんという存在が国会の場に出てくることに猛反発し、角栄を責め立てていたのではないですか。

「言わないままのほうがいい。そのままにしておきたい」

――私は、旧田中派の一人から、「角サンは、佐藤昭子という女性が国会という場に引きずり出されることを、男として潔しとしなかった。それが角栄という人間の矜持《きょうじ》だ」と聞いたことがあります。昭子さん、眞紀子さんの「強力な意思」を角栄はどう口にしていたのですか。

「……」

――眞紀子さんは昭子さんを、そうも憎んでいたのですか。

「言わないほうがいい」

――昭子さん、新潟では投票所で冬の朝、エンピツを握るかじかむ手、息をハアー、ハアーと吹きかけ「田中」と書いた人が確かにいたんです。心底、「田中」と書きたかった。

「新潟だけじゃない、全国津々浦々にいると思うわ。今、その方々に一言、言わなくてはならないでしょうけど」

――雄一郎君のことですか。

「田中のオヤジさんは、『雄一郎を政治家にさせたい』って言っていたのよ、何度も。本当に」

孫の雄一郎

眞紀子には三人の子供がいる。

雄一郎（当時三十二歳）の他に、真奈子（同二十八歳）、真美子（同二十三歳）の三人だ。雄一郎は慶応大学を卒業後、公認会計士の職に就き、二十六歳でサラリーマン家庭出身の女性と結婚。目白の邸宅の近くに住んでいた。

角栄は、孫の雄一郎をことのほか可愛いがった。権力への階段を持ち前のブルドーザーのような馬力で上りつめ、総理になった二年後の七四年、金脈追及の矢でその座から失脚せざるを得なかった時、雄一郎は四歳だった。

逆境に立たされた時、「お祖父《じい》ちゃん」と呼んで、小さな足で駆け寄ってくる孫に角栄はどのくらい慰められたことか。雄一郎君は小さな目で何を見たのだろう。しかし七六年、角栄はロッキード事件をめぐる外為法違反で東京地検に逮捕される。

ロッキード事件は、七六年（昭和五十一年）アメリカの航空機大手製造メーカー・ロッキード社による旅客機の受注を巡り明るみに出た国際的な汚職事件。国内大手の全日空の旅客機選定に絡み、前総理（当時）・田中角栄が受託収賄と外国為替・外国貿易管理法違反の疑いで逮捕。

また全日空やロッキードの販売代理店・丸紅の役員らや、大物右翼と言われた児玉誉士夫《よしお》や、児玉の友人で「政商」と呼ばれた国際興業社主（当時）・小佐野《おさの》賢治を逮捕し、戦後稀にみる疑獄事件となった。八三年、そのロッキード事件で角栄に懲役四年・追徴金五億円の判決が下された時、雄一郎は十三歳だった。

正月、目白（東京都文京区、角栄の私邸）の新年会では、角栄の胡座《あぐら》の中に幼い雄一郎が収まっていることがあった。角栄は旧知の新聞記者を前にこう語っている。

「俺は朝からダイコンおろしで磨《す》りおろされようとも、世の中が俺に『金権政治家』と提灯行列をしようとも何ということはない。ただ、雄一郎が俺のことでいじめられ、体育館の裏で砂をかけられることだけはつらい。本当につらい。この子に自分を託すのは、夢なのか」

昭子は、雄一郎の不出馬宣言について何度も、本当に何度も悲しいと吐露した。その言葉は、角栄の胸の内を代弁したものではなかったか。

血脈9　小沢一郎

——角栄のDNAを受け継いだ秘蔵っ子の裏切り

小沢に亡き息子の影を見た角栄

三月末、東京・護国寺。本堂に至る石段の両側でちょうどサクラが咲いたばかりだった。小枝には数羽の小鳥が羽を休め春の陽射しを浴びている。

本堂裏手の墓園の一角にその墓碑はあった。〈佐藤家之墓　平成四年十月佐藤昭子建立〉と刻まれている。これは二〇一〇年三月十一日朝、享年八十一でひっそりとこの世を去った佐藤昭子の墓碑だった。元総理・田中角栄の後援会にあって「越山会の女王」としてその名を轟かせ、愛人でありながら角栄との間に娘・あつ子をなしたあの佐藤昭子である。

実は角栄との間にできた娘・あつ子が生まれた五七年当時昭子は、まだ二番目の夫と結婚していた頃だった。その角栄と母娘の関係は、いつまでも隠し通せるものではなかった。

そのときの心境を昭子は、後に自伝「決定版私の『田中角栄』日記」（新潮文庫）でこう明かしている。

〈子供がほしいと思うようになったころ、夫との生活は完全に破綻していた。もはや何のつながりもなかったと言っていい。それでも天涯孤独の身だった私は、どうしても血のつながった肉親がほしかった。

娘の誕生――それは至福の瞬間だった。人生でもっとも大切なものが授けられたような気がした。

将来ある政治家に認知を求めるつもりはなかった。向こうから言ってきてもお断りしただろう。戸籍はどうあれ、娘は小さい時から田中を「お父ちゃま」と言ったり、「オヤジ」と呼んで育ってきた。田中も娘をかわいがった。外遊しても私にはハガキひとつ出さない田中が、娘には必ず手紙を書いた〉

昭子は七九年、名前をそれまでの「昭」の一字から「昭子」に改名している。

墓碑に目をこらすと端の方に小さな文字が刻まれていた。

〈越山　田中角栄〉

その生涯を角栄に捧げた彼女の鎮魂が伝わってくる。角栄の住んだ目白邸はこの護国寺からわずかな場所にあった。墓碑の周辺は彼女にとって角栄との聖地なのかもしれない。

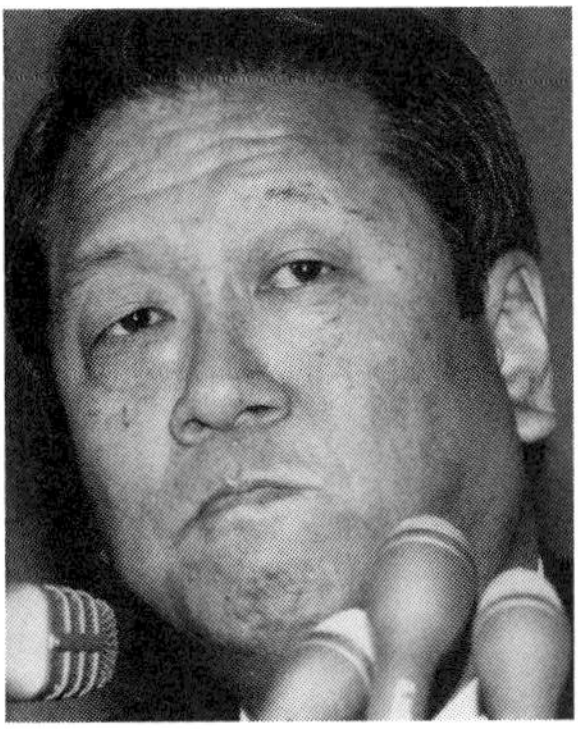

小沢一郎

　一気に権力の階段を駆け上がった角栄は、金脈問題で総理の座を失脚した後、ロッキード事件で逮捕された。その後、裁判をかかえながらも角栄は「数の力」を背景に闇将軍として君臨。その角栄から亡き息子同然に可愛がられたのが現・生活の党代表・小沢一郎である。角栄の存在抜きに小沢を語ることはできない。

　しかし、小沢はやがて角栄に背き、角栄政治は終焉《しゅうえん》していく。

「君は何年生まれだ」

「昭和十七年です」

「ああ、俺の死んだ倅《せがれ》と同い年だ」

角栄が初めて小沢と出会った時、二人はこんなやり取りを交わしたという。角栄には数え年、六歳で亡くした長男・正法《まさひろ》がいた。その長男は角栄の胸元で抱かれるようにして息を引きとっている。角栄の痛恨の極みだった。小沢に長男の残像を重ね合わせたとしても何ら不思議はない。

小沢が父で元建設大臣・佐重喜《さえき》の急逝により、父の後継として岩手県水沢市（現・奥州市）から出馬し初当選したのは六九年十二月、二十七歳の時だった。角栄の側近中の側近だった榎本敏夫がこう述懐していた。

「次の衆院選まで時間がなかった。すぐ奥さん（小沢一郎の母・みち）を出せばと思ったが、そうもいかない。一郎君にしても中学三年から東京育ちだし、父の佐重喜先生の地元後援会を動かすのにオヤジ（田中角栄）のバックアップを、ということだった。で、佐重喜後援会の人たち二、三〇〇人がバス数台で上京し目白（角栄邸）に来た。偶然だが、オヤジには一郎君と同じ年齢で亡くした男の子がいて、オヤジはその子と一郎君がだぶったこともあったんでしょう。オヤジは

『よっしゃ、一郎は俺が応援してやる』と決めたんです」

「越山会」大幹部の娘との結婚

小沢は角栄の秘蔵っ子として地歩を固めていく。小沢が和子夫人と結婚したのは七三年十月のことだ。小沢、三十一歳。和子、二十九歳の時である。和子の父・福田正は角栄の後援会「越山会」の大幹部。正が四代目で新潟が本拠地の中堅ゼネコン「福田組」は角栄に歩調を合わせて急成長していた。

当時、小沢には真剣に結婚を考えた女性がいた。かつて、永田町にあった料亭「満ん賀ん」の若女将である。二人は所帯を持ちたがった。若女将の養父は角栄に掛けあったが、角栄は「いや、一郎だけは困る。俺の立つ瀬がなくなるじゃないか」と首を縦に振らずかなわなかった、と義父は私に語っている。

結局、角栄は小沢に福田組の長女・和子を娶《めと》らせた。後に次女・雅子は元総理・竹下登の異母弟・竹下亘と結婚。また、自民党元副総裁・金丸信の長男・康信は竹下の長女・一子を妻に迎え入れている。つまり和子を結び目に、小沢と竹下、金丸との血脈が繋がるのだ。

昭子は、『新潮45』別冊「小沢一郎研究」（二〇一〇年）に寄せたレポート「『田中角栄』と『小沢一郎』」の中でこう述懐している。

〈4年後にイッちゃんがお見合いをした時、私は仲人役で付いて行った。見合い相手は、今の奥さんで新潟の建設会社、福田組の長女。典型的な新潟育ちの娘さんで、イッちゃんにはうってつけの嫁さんであった。年齢はたしかイッちゃんとふたつ違い。だから、和子さんは少し焦っておられたらしい。

田中は私に、

「おまえ、早く取り持てよ」

と急がせるけれど、

「見合いして早く結婚しなさいよ」

そうイッちゃんに話すと、

「見合いなんかいいよ。おやじ（田中）がもらえって言えば、猫でも犬でももらわなきゃいけないんだから」

「そんなこと言うもんじゃないわよ」

そう言って、都内のホテルで見合いをさせた。（略）

後日談だが、イッちゃんは冗談にこう言って笑っていた。

「ママとおやじさんの仲人口にだまされたよ。持参金もいっぱい持ってくるって話だったのに全然そうじゃなかった」

初当選以来、イッちゃんは夕方5時ごろになると「おばんです」と言って、毎日のように田中事務所に顔を出した。「こんばんは」でもなければ、「こんにちは」でもない。水沢の田舎弁そのままで「おばんです」。

おやじも死んだ息子（長男・正法）と同い年なので、その生まれかわりぐらいに思っていたのかもしれない。イッちゃんを見ると、

「お、来ているのか、中へ入って一杯飲もうや」

するとイッちゃんは、

「おやじさん、おやじさん」

とチョコチョコ付いて行って、一緒に話をしていた〉

暴かれた昭子の過去

角栄は絶頂期にあった。小沢と和子の結婚より一年余り前の七二年六月、佐藤栄作の後任を選ぶ自民党総裁選を前にして角栄は「日本列島改造論」を発表し評判を呼ぶ。

この単行本は日刊工業新聞社から発売され八八万部のベストセラーになった。高度成長期に都市で顕在化した人口過密・公害・物価上昇と農村の過疎化といった格差を解消するため、工業地帯の再配置や交通・情報通信網の整備をテコに、都市から地方に人やモノの流れを「地方分散」

しようという内容だった。角栄は「政治は国民のものである」と語った。

翌月、角栄は満を持して自民党総裁選に立候補、宿敵・福田赳夫を破ってついに総理の座を射止めた。新潟県の雪深い寒村に生まれ馬喰《ばくろう》を父に持ち、尋常高等小学校卒業の学歴だけで上京し、そこから独学で権力の階段を駆け上った角栄。彼は人間ブルドーザー、あるいは今太閤の出現か、とも持て囃された。だが、長くは続かなかった。総理就任から二年後の七四年十月、前述したように「文藝春秋」十一月号に二本のレポートが掲載された。一つは立花隆の「田中角栄研究——その金脈と人脈」。

そして、もう一つが冒頭で触れた佐藤昭子を描いた児玉隆也の「淋しき越山会の女王〈もうひとつの田中角栄論〉」。

〈東京都千代田区平河町の『砂防会館』は、建物自体はこれといった特徴はない。だが、一階入口に示された入居者の表示を見ると、光と影の交錯しあう梁山泊《りょうざんぱく》。巷間《こうかん》伝えられる金権政治の中枢機能がフロアーを占めている。

二階に中曽根派の『新政同志会』、三階に田中派、四階に中曽根康弘の個人事務所。その三階のエレベーターを降りると総理番記者の控え室で、彼らといえども、この先の廊下を奥に進むことは容易ではない。右手の『七日会』は、総裁派閥田中派の本陣、向いの部屋には『田中事務所』とある。そこから奥は、廊下そのものが二カ所で遮蔽《しゃへい》され、まず一枚めのドアの内側は田中

角栄の領袖、陣笠《じんがさ》とりまぜて一堂に会する大部屋である。（略）
　ここを通りぬけると応接室、奥にはさらに一部屋があり、個室になっている。あるじの個室と部屋をつなぐ、木製褐色のドアを隔てて、金と権がある。権の行使者は個室の主・田中角栄、金の管理人を佐藤昭という。
　四十六歳。男名前のようだが、女である。彼女は、窓を背にした机に坐り、自治省への報告だけで年間約二〇億の政治献金（越山会を主体とした田中派の総額・四十七年度）を、主人である田中角栄の指示を仰ぐとはいえ、かなりの裁量で動かせ、入る金、出る金の全貌を知る人間として、おそらく彼女をおいて他にない〉

　児玉レポートは、角栄の陰の存在だった昭子に「女王」という名を冠して陽の当たる場所に引きずり出した衝撃的な内容だった。

　児玉レポートの中で、最も彼女が衝撃を受け、憤りを覚えたのは金庫番だと書かれたことではなかった。彼女は「私の『田中角栄』日記」（「新潮45」九四年十月号）の中で、児玉レポートを巡り〈件の記事が出た時、私ははらわたの煮えくり返る思いがした。〉として、こう告白している。

〈はっきり言おう。暴かれた過去とは、私が新橋でアルバイトをしていたことだ。（略）私にとってはそのこと自体が人生の恥だった。誰にも知らせてはいなかったし、誰にも知られたくないことだった。〉

児玉は、彼女の生い立ちから二度の結婚と離婚、そして角栄の秘書となる前の一時期、新橋のキャバレーにホステスとして勤めていたことまでも、二人の元夫や元ボーイにもインタビューし、詳細に描いたのだった。

児玉はこう書いている。

〈彼女は、大井町の、窓を開けると銭湯の煙突の煙が流れこむ安アパートに、六畳一間を借りた。彼女はホステスになった。

新橋のガード下にあったキャバレー『S』は、当時ビール大ビンをつきだしセットで二百五十円、追加ビール二百円という現金制度の店で、どうかすると店内に小便の匂いがした。いまは、火事で焼けて、ない。指名料は二百円で、うち百五十円がホステスの取り分である。彼女らの日給は五百円から八百円が平均だった。店はバケツ一杯分の小亀の甲羅に、白ペンキで『キャバレー・S』と書き、銀座八丁に放して宣伝をしたりという奇抜さだった。当時のボーイで、今は池袋のスナックの社長になっているMによると（略）

「女の子はまだ今のような職業がなかった時代でね、いろんな前歴の素人が集まってきた。ちゃんとした亭主持ちも、生活のためにやって来た。彼女たちは〝S大学〟の文化祭、入学式と称してはセーラー服を着せられたり、ネグリジェを着せられたりして、一生懸命働いていた。いじらしかったよ。客の食べ残したおつまみや焼き鳥を紙に包んでアパートに持って帰るんだ」

そういう店で彼女は、源氏名を「亜希」といったり「美奈子」といったりしたそうだ〉
昭子にとっては決して触れてほしくない、封印したはずの過去だった。
〈今の若い人にはわからないかも知れない。「恥」という言葉自体が死語になってしまったようだから。
でも、私の年代の女は違う。とりわけ、親兄弟に次々と死なれ、十五歳で天涯孤独の身となった私を支えていたのは、プライドだった。郷里の柏崎ではそれなりの商家に育ち、学校の成績もよかった。そんな小さなプライドでも私には大切だったし、それに反する行為は「恥」とした。その「恥」は自分の人生のなかでひっそりと消し去って生きてきたのだ。それが、全国の人たちの前に露わにされた。私の胸中、察していただけるだろうか。（略）
田中は金権腐敗政治の権化のごとく指弾され、私は永田町にすむ妖女のごとく言われた。その種の記事が出るたびに「違う、違う」といくら私が言っても、それは空しかった。〉
（前出・「私の『田中角栄』日記」）
銀座の場末にある新橋のキャバレーの喧騒に身を置いていたのは、昭子二十五歳の頃のことだった。

角栄に実刑判決

一方、国会では角栄金脈の鍵を握る金庫番・昭子の証人喚問が要求された。角栄は結局、件の「文藝春秋」発売から一カ月半後に総理の辞意を表明。当初は六割を超す支持率を誇った角栄政権は二年余りで倒れた。

そして、総理失脚が分岐点になったがごとく、角栄は七六年七月、ロッキード事件により東京地検特捜部から受託収賄罪と外為法違反で逮捕される。それからの角栄は自民党籍を失いながらもロッキード裁判を闘い、一〇〇人以上の最大派閥の数の力をバックに闇将軍として君臨。大平正芳、鈴木善幸《ぜんこう》、中曽根康弘など時の宰相に隠然たる影響力を持っていく。角栄の絶頂期は総理の時ではない。「闇将軍」のこの時期にあった。

一方の小沢は角栄の庇護《ひご》の下、その威光をバックに田中派内で頭角を現す。派の若手エリートとも言うべき存在で建設政務次官（七六年）、木曜クラブ（田中派）事務局長（八〇年）、自民党総務局長（八二年）などを歴任。なかでも、選挙を仕切る総務局長を角栄から任されたことを後に小田甫《はじめ》著『小沢一郎・全人像』の中で小沢はこう語っている。

〈政治家生活で思い出に残る年（一九八三年）。存在感があった。党の最大の仕事は選挙だし、政治家の生き死にかかわる。二階堂（進＝当時、自民党幹事長）さんが任せてくれたから、ある意味で幹事長になったようなもんだった。公認からカネまでやる訳だから、当選回数のハンディ

はあるが、それは自分で乗り切れるものだ〉

八一年から司法担当を務めた新聞記者によると、小沢は角栄の秘書・早坂茂三と共に毎週水曜日午前十時、東京地裁の法廷に姿を現し、角栄の裁判を傍聴していた。一度も欠かすことがなかった。

しかし、その角栄に東京地裁は八三年十月、前述したように懲役四年・追徴金五億円の実刑判決を下す。その日、目白邸に着いた角栄は待っていた約七〇人の議員を前に汗も拭かず、いつもの早口でまくしたてた。

「われわれの軍団は党の中核だ。総理大臣は機関にしかすぎない。そうだろう、君たちッ。選挙は（八三年）十二月十八日だ。選挙は勝たねばならないから、私が邪魔になるのだったら、いつでも離れてもらって結構だ。推論で人に罪をかぶせるようなことは絶対に許さんッ」

この時、小沢の胸に何が去来していたのだろうか。実は小沢は角栄に下った実刑判決を待っていたかのように、角栄と離れて極秘裡に派閥を乗っ取るクーデターを仕掛ける首謀者の一人になっていくのだった。

裏切りの創政会結成

小沢らが密かに竹下登を総理・総裁の輿《こし》に担《かつ》ぐグループ「創政会」を結成するのは八四年十二

月のことだった。東京・築地の料亭「桂」に当時蔵相の竹下、金丸、小沢ら一四人が集まる。竹下は、「竹下登のすべてを燃焼し尽くす」と挨拶。創政会の結成メンバーについて小沢は角栄を念頭におき「皆さんは口外無用に願いたい」と発言した。

しかし、翌八五年が明けると状況は一変。角栄の耳に、「これは竹下派の旗揚げだ。派中派をつくるものだ」との声が相次いで入り、角栄は烈火の如く激怒。同年二月、四〇人のメンバーが参加し創政会は旗揚げするが、角栄の切り崩し工作はすさまじく、電話は早朝から深夜まで及んだ。佐藤昭子「私の『田中角栄』日記」の八五年二月二十日のページはこう記す。

〈このごろ田中の言動がおかしい。朝からウィスキーを飲み、事務所に来た時にはもう千鳥足で、目も真っ赤に血走っている。いくら私が止めても、ウィスキーのがぶ飲みをやめようとはしない。〉

角栄は荒れに荒れた。ウィスキーのボトルを毎日一本空け、それが二十日間続き脳梗塞で倒れた。昭子は後年、角栄の尋常でない心痛の原因を尋ねた新潟日報の角栄番記者にこう漏らしている。

「小沢一郎が創政会に参加したからよ。息子に裏切られた感じよ。（小沢を）呼びつければいいのに、田中はそれができないのよ。意外でしょ」

その昭子に角栄は最後までこうも口にしていた。

「竹下の叛旗《はんき》はどうでもいい。そんなものは潰せばいい。（問題は）一郎だ。一郎はなぜ（目白に）来ないのか」

角栄は小沢にだけは帰ってほしかった。が、もはやかなわぬことだった。小沢は苦境に立たされていた角栄を捨てた。角栄は十五年前の邂逅《かいこう》から、わが子同然に目をかけてきた小沢に出ていかれた。そして、倒れた。

角栄には持って生まれた土着の臭いがあり、湧きあがる情があった。角栄の寵愛を受けた小沢はどうか。小沢が自身について、「岩手の故郷と永田町、社会としてはその二つしか知らないで来た」（『小沢一郎・全人像』）と吐露しているように、地べたを這いつくばるような苦労があったわけではない。小沢は角栄から結局、「政治は数、数は力、力はカネ」という数の信奉しか会得しなかったと言ったら言い過ぎだろうか。

角栄が倒れて二年四カ月後。創政会を母体に「経世会」が立ち上がった八七年七月四日、昭子は日記にこう記した。

〈百十三人で竹下派が旗上げ。十五年間で田中軍団崩壊す。田中が血と汗で築き上げたものすべてが失われた。これが政治の世界と理性ではわかっていても、たまらない気持ちになる。〉（同前）

昭子からのメッセージ

小沢は二度と角栄のもとに足を運ぶことはなかったが、昭子は度々小沢と会っていた。昭子が最も気になるのは小沢の行く末だったのだろう。彼女は遺稿となった前述のレポート『新潮45』別冊でこう小沢を諭す言葉を残している。

〈田中角栄と小沢一郎――。２人はよく似ている、と世間では言われている。２人を身近に知る私でさえ、小沢一郎は田中角栄と同じレールの上を、その後から追いかけているのではないかとしばしば思うことがある。

落選はしたが、田中が初めて立候補したのは27歳の時。小沢も27歳で立候補し初当選している。田中も小沢も47歳で政権政党の幹事長になり、剛腕を揮《ふる》って選挙で大勝利した。やがて党を動かす「陰の最高実力者」と呼ばれることも同じなら、政界を揺るがす事件で検察のターゲットになり、全面対決するところまでそっくり。

政治家として歩んだ軌跡ばかりでない。その所作、動作まで似ているところがある。ある時、車から降りてくる小沢を見て驚いたことがある。背広をボタンをはめながら歩いてくる姿は、どう見ても田中そっくりなのだ。

マスコミは、小沢一郎の悪いところは全部、田中から引き継いだ、という書き方をする。だけど、私に言わせれば、それは違う。田中イコール小沢ではない。

私はよく小沢に話していた。

「何もかも田中角栄を踏襲するということじゃないのよ。田中も人間である以上、良いところも悪いところもある。それらを全部清濁あわせ呑んで自分の政治を作っていきなさい」

〈田中が逝ってから17年が経ち、もはや稀有の政治家の生の声や情熱に触れることはできない。イッちゃんはその秘蔵っ子で、田中のＤＮＡを最も受け継いだ政治家と言われている。

今、イッちゃん齢67にして非常に困難な立場に立たされている。人間誰しも長い人生の中でも、順風満帆の時ばかりでない。否むしろ苦しみの方が多いのではないかと、それが人生というものであろうと思う。それを乗り越えてこそ、小沢一郎という政治家は、一回りも二回りも大きく成長するだろう。天の配剤である試練に甘受しなければならない。

イッちゃんが総理になることは、もうたぶんないのではないかと私は思っている。もちろん、先のことはわからないけれど、ちょっとしんどいなという感じがする。この20年間、〝ぶっ壊し屋〟で壊しては作りで、ずいぶん手間を食ってしまった〉

昭子が息を引き取った直後、病室に呼ばれた政治家は小沢ただ一人だった。

小沢は数珠を手にしばらく亡骸《なきがら》を見つめ、目に涙をためていた。そして、こう声をかけた。

「ママ、お別れだね。長いこと世話になりました」

妻からの離縁状

平成の政治史を語る上で、誰よりも欠かすことのできない存在というべき小沢一郎が、自ら引き起こしたある出来事が明るみに出たことによって崩壊し始めたのは一二年六月のことだった。その出来事とは、小沢の妻、和子夫人が地元・岩手県の支援者らに宛てた「離縁状」というべき手紙だった。

岩手は長い間、小沢の「王国」だった。その岩手の鄙《ひな》びた農村で、私の前に姿を現したその人はポツリポツリと呟いた。

「和子さんからの手紙は来たあ。手紙が表に出たら（小沢）一郎はもう終わりだあ……」

一二年五月のことである。私はこの時、小沢一郎の妻・和子の「離縁状」が手紙で存在することを知った。

和子夫人の手紙は一一枚の便箋による長文のものだった。

小沢の愛人である料亭の元女将のもとに、十歳を過ぎた小沢の隠し子（男の子）が存在し、それを巡って小沢から、〈どうせ、お前も地位が欲しかっただけだろう〉〈あいつ（元女将）とは別れられないが、お前とならいつでも離婚してやる〉などの言葉を投げつけられ、一時は自殺まで考えたことなどが綴られていた。そして、小沢が東日本大震災の被災地の人々を顧みず、東京から真っ先に逃げ出そうとしていた姿に触れ、〈お世話になった方々のご不幸を悼む気も、郷土の復興を手助けする気もなく、自分の保身のために国政を動かそうとするこんな男を国政に送る手つだいをしてきたことを深く恥じています〉と、和子は赤裸々に告白していた。

小沢が、師・田中角栄の仲立ちで和子と結婚したのは七三年十月のことだ。父・佐重喜の後継として二十七歳で初当選してから四年近く経っていた。それから三人の息子をなし四十年近くも連れ添った和子が、小沢一郎という人間の本性を白日の下に晒したのである。

小沢は〇九年の政権交代の立て役者だった。しかし一二年、消費増税を巡って野田佳彦政権と対立、小沢グループが飛び出す形で民主党は分裂する。その分裂劇の狭間で世に出たのが、和子の離縁状だった（「週刊文春」一二年六月二十一日号「小沢一郎　妻からの『離縁状』」）。

離縁状は、東日本大震災から一年余りにもかかわらず、政争に明け暮れる民主党政権に一石を投じただけではない。その敵失に乗じて、自民党は一二年十二月の総選挙で圧勝し、安倍晋三政権（第二次）が誕生した。そして、一四年の総選挙では小沢の生活の党はわずか二人の当選しか果たせなかった。

こうして、小沢の虚像はもろくも崩れ落ちたのである。

血脈10　小泉純一郎

――知られざる離婚の真相と三男の存在

四代続く政治家一族

「政治ってのは、厳しい道ですね。仲間がつく、離れ、またつく。昨日の敵は今日の友、今日の友は明日の敵、という言葉もあります」

二〇一三年六月三十日の神奈川県横須賀市の市長選で、自民党推薦候補が落選した。選対本部長として日夜必死に走り回った小泉進次郎《しんじろう》は開票直後涙を浮かべながらこう敗戦の弁を語った。

小泉進次郎。言うまでもなく父にして元総理の純一郎の次男で三十三歳。横須賀市を地盤に当選し現在二期目。党青年局長を経て一三年九月、弱冠三十二歳にして早くも内閣府大臣政務官兼復興大臣政務官に就任した。

国民の人気は、あまたの国会議員の中で群を抜いて高い。一昨年の総選挙では自らを「客寄せパンダ」と自嘲しつつ津々浦々を巡り、自民党を政権奪回へと導く牽引車の役目を任った。自民党の重鎮たちは、進次郎を「あいつは凄い」と手放しにもてはやしてやまない。

時計の針を戻し〇八年九月。横須賀で純一郎は自らの引退表明と当時二十七歳になる息子の進次郎の「襲名披露」を兼ねる会合を開き、顔をほころばしこう言って憚《はばか》らなかった。

「私が二十七歳だった頃よりもしっかりしている。政治家になる気があるのか、と聞いたら『なりたい』と言った。でき得れば、親バカをご容赦いただき、ご厚情を進次郎にいただければと思います」

政治家一族である小泉家の血筋は、後述するが純一郎の祖父で元逓信《ていしん》大臣の又次郎（一九五一年没）を祖として、元防衛庁長官の二代目純也（同六九年没）、そして純一郎、進次郎へと続く。

父・純也が六十五歳で急逝したとき、純一郎もまた二十七歳だった。留学先のロンドンで悲報を受け急遽帰国。しかし、当時の純一郎は「政治家になるつもりはなかった」と後に語っている通り、政治はズブの素人だった。逡巡《しゅんじゅん》する純一郎の背中を押したのは上述する姉の信子だ。

政治家の地歩を築いた純一郎は、厚生、郵政大臣に就任。そして〇一年四月、純一郎は意表を突く前代未聞のフレーズで「自民党をぶっ壊す！」と訴え、彼にとって三度目の総裁選でとうとう総理に就く。当初の支持率は約八〇％を超え、〇六年九月まで続く長期政権となった。

小泉純一郎

一方、進次郎は関東学院大学に在学中、父の総理就任を目の当たりにした。この時の父親の姿に感銘を受けたことが、小泉家の四代目を継ぐ決め手になったと本人は言う。

純一郎が育てた息子は二人いる。長男の孝太郎は進次郎と三つ違いで、純一郎が総理に就任した年に日本大学を中退、芸能界入りした。進次郎は幼い時から孝太郎を「あにい」と呼び、いつも後を追いかけて過ごした。

だが、純一郎と孝太郎、進次郎の親子には、これまでほとんど触れてこなかった過去の拭い難い出来事があった。

純一郎とエスエス製薬元会長・泰道照山《たいどうしょうざん》の孫、佳代子との離婚だ。八二年九月の離婚当時、前述の孝太郎は四歳、進次郎は一歳だった。さらに佳代子は妊娠六カ月になる純一郎の三男を宿していた。

それから三十年余り経た昨年二月、「週刊文春」(二〇一四年二月六日号)に「小泉純一郎は生き別れの三男と和解していた! 妊娠中の離婚から30年ぶりに進次郎の弟と—」と題する記事が載った。離婚後、元妻・佳代子と三男の母子と小泉家は無論、純一郎とも長い間、絶縁状態にあると見られていた。しかしちがったようだ。同誌の中で記者は純一郎に声をかけている。

〈——小泉さん、三男が結婚されたそうですね。

「はい」

——三男とは、和解されたんですか?

無言で立ち去るのかと思いきや、若干の間をおいて、記者の方をわずかに振り返りながら、こう言い切った。

「いやいや、和解なんか前からしてますよ」〉

同誌によると、三男が結婚式を挙げたのは一三年十一月という。

長い歳月を経て、純一郎が「和解」と口にしたこの時期、彼は「脱原発」を唱え、東京都知事選で候補に細川護煕を担いでいた。

純一郎の言い放った和解とはどういうことか。何が絶縁の状態から、和解に至らしめたのか、その真意はわからない。それを知るためには、八二年の離婚時に何があったのかを紐解かなくてはならない。

別れた妻との間に何があったのか

小泉純一郎の出身地・神奈川県横須賀市は海と坂に挟まれた街だ。

東京駅からJR横須賀線に乗ると約一時間半、三浦半島の北東岸付近に横須賀の街はある。旧くから米艦隊の拠点基地として知られ、今も横須賀駅前の入り江には、星条旗をたなびかせた灰色の巨艦が、埠頭《ふとう》を埋めつくすように停泊している。

横須賀駅から三浦方面に車でわずかな海沿いの街に小泉の実家がある。塀で囲まれた一五〇坪の敷地には小石が敷き詰められ、木造二階建ての家屋は瓦葺きで周りを白い壁が覆っている。枝振りのいい松の木が四、五本植えられ、地方の老舗旅館といった趣だ。

地元民によると、小泉家の地域一帯はかつて埋め立て地だった。その一隅に「赤線」があった。狭い路地裏に飲食店が軒を連ね、海兵隊員らの歓楽街として賑わっていた。今では国道一六号線の商店街ですら、日曜でもシャッターを下ろしたままの店舗が目立つ。寂れた街という感は否めない。小泉が家族に連れられそれまで住んでいた近くの金沢八景から、この横須賀に居を移してきたのは小学校五年生の時だった。

小泉家は、衆院議員の小泉進次郎を含め四代続く政治家の家系である。初代は戦前の衆院議員で、逓信大臣を務めた又次郎。いったんは家業の港湾荷受けの請負業を継ぐことになり、政治家になる夢を諦めるために全身に入れ墨を彫ったという逸話が又次郎にはある。

純一郎の父の純也は、又次郎の一人娘の芳江と結婚した。鹿児島県加世田《かせだ》市（現・南さつま市）の出身で、旧姓は鮫島。純也は第三次池田改造内閣、第一次佐藤内閣で防衛庁長官を務めた。六九年（昭和四十四年）八月、肺ガンで死去。六十五歳だった。

父が逝去した時、純一郎は二十七歳だった。留学先のロンドンで、父・純也の急死の訃報を受けて帰国。総選挙（六九年）に臨むが落選。七二年（昭和四十七年）、田中内閣発足後の総選挙で初当選する。派閥は清和会（旧福田派・現町村派）に属した。

小泉が総理になった時、来歴を辿っていくと、彼の政治家のプロフィールから消し去られたとしか言いようのない空白部分にぶちあたった。

二十二年前（当時）の離婚と、離婚までの四年間である。小泉に別れた妻がいたことは一部に知られていたが、別れた妻との間にいったい何があったのかを知る者はほとんどいない。小泉家に近い人間ほど口を閉ざそうとする。なぜだろうか。いったい、何があったのだろうか。

小泉はこれまで、離婚した相手の宮本佳代子との結婚から離婚までの四年間について、まったく口にしていない。少なくとも総理になるまでの彼のおおやけのプロフィールに子供は「二男」としか記されていなかった。別れた妻との間にできた孝太郎と進次郎は小泉が引き取ったと説明されてきた。

ところが、小泉が総理になったとたん、ある事実が明るみに出たのである。別れた妻との間には、もう一人男の子、三男がいることがわかったのだ。当時彼は、京都にある私立大学に通っていた。なぜ、小泉はこの三男の存在を隠し続けてきたのだろうか。

離婚した妻の胎内に三男

小泉が離婚した時、この三男は母親の佳代子の胎内にいたのだった。つまり、小泉は身持ちの妻を捨て、何事もなかったかのように政治家としての地歩を固め、とうとう最高権力の座に上りつめたと言われても仕方がなかった。

離婚自体も隠され、ほとんど表沙汰になることはなかった。なぜ、隠し続けることができたのだろうか。それは何よりも、別れた妻・宮本佳代子が離婚を巡り、十九年間ただの一言も発してこなかったからだ。

小泉が首相に就任してから、佳代子はようやく口を開き、次のように話している。

〈私がいたらなかったがために、申し訳ないと思っています。だけど、あの方は、自分で自分を愛することができるタイプと申しますか、一本気で頑ななところがあって、一人でも生きていけるくらい〉〈当時、私自身、やはりいたらなかった点が多々あったのではないかと思います〉（「サンデー毎日」〇一年五月二十日号）

私がいたらなかったから――。佳代子は何度もそう繰り返し、小泉や小泉家への非難めいたことはいっさい口にしていない。

ところが小泉は、佳代子が離婚から十九年振りにメディアに登場したことが、よほど気に入らなかったようだ。小泉の三十年来の腹心で首相秘書官の飯島勲《いさお》は、いまさら何を言うかと言わんばかりに佳代子を責めたてた。飯島は、政治家の妻なのに地元・横須賀の選挙区に応援に入るのを嫌がった佳代子に、離婚の原因があると言い放った。

〈「（佳代子が選挙区に）ずるずると入っていって、そのうち子供ができる。奥さんは、もう選挙区に入りたくないと。じゃ、どうするんですか。最初から入らなければ離婚もあり得なかったのです。途中で入って、そのあとで、もう入りません、では話になりません。『家庭を取りますか。政治の道を行きますか』と、小泉に私は言いました」〉（「正論」〇一年七月号）

離婚は佳代子の側に非があるというのだ。果たして、そうだろうか。そもそも佳代子がかつての家庭を懐かしむようにしてメディアを相手にしただけなのに、そうも刺々《とげとげ》しく過剰反応したのはなぜだろうか。佳代子が世間に顔を出してきたこと自体が許せないようになじるのはなぜか。

不可解ではないか。

飯島の発言は小泉が言っていることと同じという重みを持つ。飯島は首相秘書官という権力の要職にいるにもかかわらず、その肩書でメディアに顔を出し、別れた妻――小泉と血を分けた子を生んだ母親を終始、非難したのだ。異様なことと言わざるを得ない。

「なぜ、佳代子さんは本当のことを言わないんでしょう」

佳代子の面影を知る横須賀の住民は異口同音に語るのだった。小泉家に古くから仕えていた元家政婦の一人は、佳代子の境遇に同情したのか、涙すら浮かべてこう語った。

「佳代子さんが、離婚のことで長い間、口を閉ざしてきたのは小泉さんの政治生命を危うくしかねないからですよ。それに、口を開くことで三人の子供達を傷つけたくないからですよ。女なら誰だってわかることです。飯島さんは切ろうにも切ることのできない母と子の絆を忖度《そんたく》していない。選挙の時だって、選挙区の横須賀にほとんど出入りなんかしたことのない飯島さんが、何で訳知り顔に佳代子さんを責めるんですか。佳代子さんは小泉さんの選挙だって身を粉《こ》にしてやっていた。飯島さんが何を言おうと、誰もが見ていた事実は曲げられない。なぜ、小泉さんは自分の口からその真実を言ってあげないんですか」

いったい二十二年前、小泉家に何があったのか。小泉が三男の存在を、なきものにしたかのように隠し続けた離婚はどのようにして起こったのか。結婚から離婚に至るまでの軌跡を辿ってみたい。

資産家の孫娘との見合い結婚

青山学院大学の学生だった宮本佳代子に、十四歳も年上の新進代議士・小泉純一郎との見合い写真が持ち込まれたのは七七年（昭和五十二年）夏のことだった。佳代子はエスエス製薬の礎を作った元会長・泰道照山の孫で、資産家の令嬢ということもあり大学の花形的存在だった。彼女は高校三年生の七四年（昭和四十九年）に父を亡くしている。

二人は東京・赤坂のレストランで見合いをし、翌日、小泉は青山学院大学四年生の佳代子にプロポーズする。会ってわずか二日目である。その模様を、「週刊新潮」（七七年九月二十二日号）は「結婚　世襲三代目小泉純一郎議員とエスエス製薬の孫娘」と題しこう伝えている。

〈（七七年八月）二十五日、赤坂のレストランでお見合い。翌二十六日、早速二人でデート。日比谷映画で『鷲は舞いおりた』を見たあと、小泉は娘さんにこういったそうだ。

「あのォ、僕を信頼してくれますか？」。彼女はとっさにどう答えていいかわからぬまま『ええ』とひと言。小泉議員は、『それで決まりましたね』〉

〈（小泉と）同じ福田派の、さる先輩議員に解説していただこう。

「議員会館の彼（小泉）の机の上には、いつもお見合用の写真が山のように積んであるという話でした。若さにこだわっていたのは、なんでも彼の説によると、年とると男は貫禄がつくが、女はだんだんバアさんじみてきて、どうも見栄がしない。一回り以上、年が離れていて、ちょうどよくなる……ということでした。今度の娘さんは、その意味でも、器量よし、家柄よし、財産あるようだし、政治家のヨメさんとしては条件はピタリですな」

なんだか、選挙対策のための嫁選びのような話になって来たが、その点は、当の小泉議員、いささかもテレずに、

「ケネディも三十五歳で結婚しましたが、僕の結婚は、支援者の皆さんの願望だったわけです。政治家の妻は苦労が多いが、彼女はリッパにやってくれますよ」

翌七八年一月、小泉が秘書として仕えた当時の総理・福田赳夫夫妻が媒酌人となり、東京・芝公園の東京プリンスホテルで挙式。約二〇〇〇名が出席し、新郎側主賓として官房長官の安倍晋太郎、新婦側は青山学院院長の大木金次郎が祝辞を述べている。実はこの時、佳代子は長男・孝太郎を身籠《みごも》っていた。

後援会スタッフの証言

結婚後、小泉は東京の議員宿舎と横須賀を行ったり来たりするあわただしい生活が待っていた。

当時の小泉は当選二回だが、順風満帆に選挙戦を勝ち抜いてきたわけではなかった。

父・純也の死でロンドンから帰り、父の弔い選挙となった六九年（昭和四十四年）は落選。初当選した七二年は最下位、二回目の七六年は定員五に対し四位の辛勝だった。当時選挙参謀（選対本部長）だった竹内清（元神奈川県議会議長）は述懐する。

「とにかく小泉家にカネがなかった。支持者に握り飯は出せても、味噌汁は出せない。幹部が一万円ずつ出して、選挙戦を乗り切ったもんです」

同じ選挙区の旧神奈川二区で圧倒的な力を誇っていたのが、田川誠一（元自治大臣）。田川は七六年のロッキード事件を契機に「自民党の腐敗」を批判して離党。河野洋平らと新自由クラブを結成し注目を集めていた。その田川から、一票でも多くもぎ取るのが、小泉陣営の宿願だった。しかも、大票田の川崎市は京浜工業地帯にあり工場の煙突や労働組合の赤い旗が工場のいたる所になびいていた。佳代子も当然のように「小泉の妻」として選挙戦に駆り出された。

飯島は、選挙区に入りたがらない佳代子に離婚の原因があったと責めたてる。しかし、実際にそうだろうか。当時、後援会で佳代子を支えたスタッフの一人（六十代・自営業）が証言する。

「小泉の一番苦しい時だった。小泉からは、『一生懸命やって、負けたら仕方がないじゃないか』という投げやりな言葉が出るぐらいだった。その時、小泉より十四歳も下で学生上がりの佳代子さんは、赤ん坊の進次郎をおんぶして京浜急行の横須賀中央駅前に立ち、後援会の幹部から

『ここで泣くんだ。何で、そんなこともできないんだ！』と怒鳴られていたんです。朝から晩まで立つ姿を見せてポロポロ涙をこぼして歩けば、票が取れる――。そういう必死の形相で歩いていた佳代子さんの後ろ姿を小泉や飯島は一度でも見たことがあるのか。飯島は、佳代子さんが選挙区に入るとか、入らないとゴタゴタ能書きを言っているが、小泉の選挙にそんな余裕がどこにあったというのか。どこにもなかった。『小泉の奥さんがやるのなら』と佳代子さんに同情し、一緒に涙した婦人は一人や二人なんてものじゃなかったんです。佳代子さんは小泉家では長女の道子以上に選挙区を走った」

佳代子は選挙の傍ら、子供に乳を飲ませ、家では勝手場に立った。小泉を支える一方で、手のかかる幼児二人、孝太郎、進次郎の面倒も見なくてはならない。佳代子が「政治家の妻」の苦労から逃げようとしたと飯島は言うが、実際の姿を捉えているとはどうしても思えない。

当時、小泉家には純一郎夫婦の他に、小泉の母・芳江（〇一年死去）、純一郎の秘書として東京の議員会館に通っていた三女・信子。長女・道子の実子で、道子の離婚後、小泉家に養女として迎えられた純子。これに加え純一郎の弟（次男）の正也と、その妻で地元の素封家、田丸屋の娘・美枝子が同じ屋根の下で暮らしていた。道子は、通いで家事の手伝いに来ていた。

ちなみに、道子は純一郎より十歳、三女の信子は四歳年上。美枝子は石原慎太郎（前東京都知事）と遠い縁戚関係に当たる。

女系家族・小泉家の異常

小泉家では多い時で家政婦が一日に四、五人働いていた。ある元家政婦は、当時の小泉家の内情を、ポツリポツリと振り返るのだ。

「小泉家は率直に言うと、他人を入れず、排除してしまう純血主義を地で行くような女系家族でした。血と血が固まって小泉純一郎さんという政治家を咲かせることに執着していたんですよ。純一郎さんにとって、父親の代から秘書を務めた大ベテランで、小泉家の金庫番だった信子さんの存在は不可欠だったんです。佳代子さんは、純一郎さんより十四歳も若く、義姉《ぎし》らに何ひとつとして異を唱えるような真似は許される状況ではなかったんですよ。純一郎さんは今でこそ、『自民党を変えるのは小泉しかいない』などと威勢のいいラッパを吹いていますが、当時はラッパなんてとんでもない。姉たちには何一つ自己主張ができない男だった。悪く言えば、ロボットのような存在だったんです。世間の方には、今の小泉さんからはとても想像がつかないでしょうがね」

また、別の元家政婦は時に涙を浮かべながらこう述懐した。

「佳代子さんは、あの小泉家の犠牲になってしまったんですよ。どんなに別れた二人の子供に会いたかったことか。離婚当時、孝太郎と進次郎は四歳と一歳ですよ。そのことを思うと、あまりに不憫で泣けてきてしまうんです……。離婚後、二人の子供は、伯母で小泉家の長女の道子さんを『ママ』と呼ばされていたんです。でも、二人の子供はまだ幼いんですよ。いきなり母親と離されたら、どうなりますか。長男の孝太郎ちゃんは、怒られて『ママァ』と呼びながら泣きじゃくっていた。小さい胸の中で手の届かない所へ離れていった佳代子さんの面影が忘れられなかったのでしょう。道子さんになかなかなつかず、甘えようとしなかったんです。精神的な拠り所がない。行き場がなく、寂しがった。私に言わせたら一種の虐待です」

近所の主婦は、小泉家をこう見ていた。

「小泉家には姑の他に、小姑が何人もいるわけだから、一番年が下の佳代子さんの気苦労は並大抵のものではなかったでしょう。でも、いつも笑顔で下の子（進次郎）を乗せた乳母車を押して、近くを走る京浜急行の赤い電車をあの子に見せていたんですよ」

そんな光景を見るにつけ、誰もが佳代子の身を案じていたという。

小泉家と佳代子の軋轢《あつれき》を物語る一つの逸話がある。佳代子が孝太郎をあやし、進次郎をおんぶしながら、勝手場で食事の仕度をしているのを尻目に、他の家族は全員で神奈川・葉山町のレストランに食事に行ったことがあったというのだ。そんな場面を見兼ねて、複数の後援会員は小泉に何度もこう苦言を呈していたという。

「川崎（注・当時は小泉の選挙区）にでも家を建てて、横須賀から出ていった方がいい。お姉さんたちから離れて自分の家庭をしっかりと築くべきだ。このままじゃ、佳代子さんがあまりに可哀相じゃないか」

しかし、小泉は聞き入れなかった。それればかりか当時の小泉はこう言い放つのだった。

「オレは大家族主義だからなあ」

本来、小泉にとって家族とは妻や子供たちを一番に指し、庇《かば》うものではないのか。ところが、小泉の感覚では家族イコール血族。もっと言うなら、同じ家で育った母や姉たちが家族の全てだった。

「我慢もできないのか」

二十二年もの間、別れた妻と子が、いったいどこで、どのように暮らしているのか。子供が腹を空かして泣いていないか。雨の中を傘もなく歩いていないか。小泉は一度でも、父に一度として抱きかかえられることなく離れていった子供のことで自分を苛み、眠れない夜を過ごしてきたことがあるのか。なぜ、そうまで冷たくなれるのか――。私は、身を寄りそうように過ごしてきたであろう母と子、それと対照的に何事もなかったかのように出世の階段をのぼった小泉の言い尽くせぬ無情が脳裏から離れなかった。

佳代子の親族がようやく口を開いたのは、〇一年六月上旬のことだ。

「佳代子は『あの人は私を庇ってくれない。死にたい』と実家の母親に漏らすほど、追いつめられていたんです。が、純一郎さんは佳代子に何も言わなかった」

親族によると、こんな場面があった。

「自分には女の写真が何枚も持ち込まれているんだ。本当に数え切れないぐらい」

小泉は佳代子と知り合った当初から、三十代の独身代議士としていかに女性にもてたのかを吹聴するようなところがあった。こうも口にしている。

「政治家なんて肩書ばっかりで、偉そうにしているけど腹から話せる奴なんて一人もいない」

佳代子の父は前述したように若くして亡くなっていた。エスエス製薬の元会長・泰道照山が父親代わりのような存在だった。三世議員と資産家の孫の結婚。当時のメディアは「新たな閨閥の誕生」とはやしたてている。

しかし、泰道照山は孫の佳代子が小泉家に嫁ぐことに頑なに反対していた。泰道の元には自民党元副総裁・川島正次郎ら大物政治家が出入りし、さながら梁山泊のような趣があった。泰道は政治が嫌いではなかった。ただ、泰道は自民党のような旧来の保守よりも、結成されたばかりの新自由クラブに熱を入れるようなところがあった。それも小泉との結婚に反対の理由にあった。

泰道は言った。

「俺は小泉との結婚を祝うことはできない。行くなら行け。勝手に行くがいい」

さらに宮本家の親族によると、佳代子の母親は結婚を前に小泉に向かってこう告げたという。

「政治家はカネがかかると聞いています。泰道照山は資産家かもしれませんが、私はサラリーマンの宮本へ嫁に入った身、とても援助できるような余裕はありません。娘の結婚を機に泰道とも絶縁状態になっています。そのことをわかっていただけますか」

小泉はいちいち頷き、こう語っていた。

「いや、そのようなことは僕らとの結婚と全然関係のないことです」

ところが、小泉家ではちがった。

佳代子は資産家の孫であり、三代にわたり政治家を輩出した小泉家の嫁だった。当然のように後援会幹部らは、エスエス製薬からの資金援助があるものと期するところが多分にあったという。ところが、佳代子は「票とカネ」のカネを持ってこようにも、持ってくることのできない嫁だった。

佳代子は姑らから、こう言われることがあった。

「選挙になってもおカネが足りない。佳代子さん、おカネが足りないの。実家のほうで何とか作れないのかしら。お母さんに頼んでみて頂戴《ちょうだい》」

そのつど、佳代子はこう言わなくてはならなかった。

「母と祖父（泰道照山）は私のことで喧嘩をしています。祖父とは分裂状態ですから」

佳代子は独りだった。「政治家の嫁」という立場を慮るにつけ、小泉家のことは誰にも打ち明けられない。時に、佳代子が家のことで相談を持ちかけると小泉は不機嫌な顔で怒鳴るようにこう言うのだった。

「我慢だ、我慢。我慢もできないのか」

ある日、佳代子は堪《たま》りかねて小泉に詰め寄ったことがあったという。

「私を取るのですか、それとも（義姉ら）家族を取るのですか」

小泉はこう答えたという。

「家族を取る。だって僕は家族がいなければ、選挙ができないからね」

女系家族の庇護《ひご》の下になければ、代議士を続けられない。だから血族を、姉を選ぶ。それが小泉家三代目の小泉純一郎の偽らざる姿だった。これをシスター・コンプレックスと言わず、何と言おうか。

身持ちの妻を捨てる

二人が破局を迎えるまで、そう時間はかからなかった。離婚に当たり、子供の親権については家庭裁判所の調停に決定が委ねられた。しかし、この期に及んでも、小泉は佳代子に対しこう弁明していた。

「心配しないで。家族会議をしているから。君の悪いようにしないでって、姉らにちゃんと話をしておくから」

佳代子の親族は、身内とはいえ姉ら家族に判断を委《ゆだ》ねてやまない小泉の態度が忘れられない。

「子供の将来のことを決めるのに、自分の意見一つ満足に言えないんですよ。何でもお姉さんたちにいちいち相談しないと決められないなんて」

結局、孝太郎と進次郎の二人の子供の親権は小泉に委ねられた。調停の場で、子供たちが中学生になったら佳代子に会わせるように取り決めが交わされた。小泉は総理になった時点でも、その約束は果たしていない。加えてその後、小泉が離婚時、佳代子の胎内にいた三男が、どのような男の子に成長したのかを確かめに行った形跡もない。

佳代子が小泉家を出ていくと決めた時、小泉が佳代子に最後にかけた言葉は、ただ、

「君子、去る者は追わず、来る者は拒まず、だな」

の一言だった。

小泉は小泉家の家長として、これから産声を上げるであろうわが子と母のために何をしただろうか。小泉家の政治家を家業とした因習に抗い、身を挺して守ろうとしたものが小泉にあっただろうか。

小泉は自分のことなのに、血の繋がった姉らに離婚の後始末と子供のことを任せ、身持ちの妻を捨てたという政治家として致命傷になりかねない危機を脱した。小泉の政治家としてのすべて

の原点はここにある。

離婚は八二年九月に成立した。

長男の孝太郎を身ごもっての結婚は七八年からのわずか四年で破綻したのである。小泉はその前年に当選四回で自民党組織委員長に就任。離婚から四カ月後の八三年一月に三男は産まれるが、この年には自民党副幹事長という要職に上りつめていた。

そして、同年の十二月に総選挙があった。一方で小泉家は、小泉が身持ちの妻を捨てたという事実を隠し続けた。三人目の、六カ月の子が別れた妻の腹の中にいたという事実は知られていなかった。おおやけには「二男の父親」だったのである。

小泉が血を分けた子と母のことを伏せたのは言うまでもない。前述したように、身持ちの妻を捨てた――その秘密が世間に知れたら、政治生命が危うくなりかねなかったからである。三代にわたって政治家を生んできた横須賀の名門・小泉家が没落しかねないという瀬戸際でもあった。

小泉家を古くから知る後援会元幹部（七十代・自営業）は語った。

「少なくとも総選挙（八三年十二月）が終わるまでは知られてはならないと周りに隠し通した。いや、それ以降も……。当選五回ぐらいまで小泉の選挙は苦しかった。しばらく、『佳代子さんは東京に行っているらしい』ということだった。それで押し通した」

この元幹部によると、八三年の総選挙が終わってから小泉がこう漏らすのを耳にしていた。

「復縁する気なんか全くないんだから、（佳代子の）荷物はこの家から運び出せばいいんだ」

危機は脱した。しかし、八三年の総選挙までの間までに、三男はこの世に生を受けていたのである。

「佳代子さんは力の限り走り回っていた」

地元・横須賀では、小泉後援会の最高幹部と言うべき存在で、古くから選挙参謀を務めた前述の竹内清は、佳代子のことをよく憶えていた。

「佳代子さんは、一生懸命やったなんていうものじゃない。とにかく、力の限り走り回っていた。『代々続いた政治家の家とはいえ、どうしてこんな貧乏な代議士のところにこんな若いお嬢さんが嫁に来たのか』と皆で噂したもんです。佳代子さんは本当に苦しい時期の小泉を支えた。

忘れもしません。ある時、運動員らと寿司屋に入ったんですが、寿司が出てきても佳代子さんは皆が食べるのを見ているばかりで箸をつけようとしない。皆と一緒だったから腹が空いていたはずなんですよ。でも、佳代子さんは『私は結構ですから、どうぞ召し上がってください』と言ったきりで、お茶だけ飲んでいる。そんな子だったですよ。俺らでさえ当初、純一郎と佳代子さんが別れたことも知らされず一時、東京に帰っているとばかり思っていたんです」

旧神奈川二区は川崎市と、横須賀などの三浦半島と選挙区がまたがっていた。小泉の場合、いくら横須賀市で強くても全体の票の七割近くを川崎市でとらなければ当選は危ぶまれた。小泉は運動期間の大半を川崎で過ごし、残された佳代子は横須賀市を駆け巡った。長女の道子は鎌倉を受け持った。

小泉の初当選以来の幹部で、前出の竹内清に仕えた地元の建設会社社長はこう語った。

「苦しい選挙戦の最後は『血』でした。小泉という名前の『血』。これを引き継がせなくてはならないという『血の結束』で戦い抜いたんです。佳代子さんは集会に行くたびに、『小泉の妻です。苦しい戦いですが……』と言った後、ボロボロ泣くんです。すると、参加者から『よし、わかった。奥さん、もういいから。泣かなくていいから』と声がかかるんです。みんな佳代子さんを気の毒がってね」

後援会の間で佳代子は、小泉の一番苦しい時期を支えた功労者という面影しか残っていない。

離婚後、小泉が引き取った二人の子供はどう育つか。家政婦らは次のような光景を見ていた。

孝太郎と進次郎は両親が離婚した時、四歳と一歳で二人とも幼かった。二人の寝る二段ベッドは道子の部屋に置かれていた。

進次郎は夜、寝る時に決まって小さなタオルを口に入れた。そのタオルは進次郎の〝おしゃぶり〟で、固く握って離さず、朝には唾液でぐっしょりと濡れていた。進次郎はこのタオルを片時も離さず、タオルがなければ寝付かない子だった。孝太郎は、五歳になる頃までおねしょが直らなかった。

食卓には魚が並ぶことが多かった。大人の味だった。ほんのたまに、コロッケ、オムレツ、トンカツが出ると二人は喜んだ。孝太郎は、小学校の低学年まで箸を使えずにフォークで食べているような子だった。

父・小泉は数えるぐらいしか横須賀に帰ってこない。が、二人とも父の肩にぶら下がったり、背中におぶさったりしてまとわりつくことはなかった。見たい子供向けのテレビ番組があっても、小泉が三チャンネル（NHK　Eテレ）でクラシック音楽を聴くことを知っていて、二人は何も言わなかった。友達が訪ねてくることは少なく、ウルトラマンの玩具で二人だけで遊んでいることが少なくなかった。何かを欲しがるということもなかった。

兄弟は、政治家を家業とする小泉家が小泉純一郎を中心に回っていることを、幼いながら敏感に感じ取って育ったのだ。

一枚の写真

小泉が総理に就いた頃、私は鎌倉駅を発ったバスから降りる佳代子を鎌倉の住宅街のバス停で待っていた。佳代子は私が名乗るとうろたえ、大きな目で私を見据え避けようとした。鎌倉は狭い小路が多く、逃げおおせないと知ると、佳代子は言葉少なにポツリポツリと語るのだった。

「階段から二、三段跳びで落ちたような、いつ流産してもおかしくないような状態での（三男の）出産でした。どんなに辛かったか、言葉では言い尽くせない生活をしてきたんです」

――いったい、何があったのですか。

「子供には本当に申し訳ないと思っています。でも、なぜあなたは私ばかりに聞くんですか。書かれることで傷つくのは私だけですか。あの時（離婚時）なぜ、（小泉は）あんなことができたのか。何を考えていたのか。私も総理から聞きたい。今、私は市井に暮らす一人の人間です。あなたが、総理の話を私に持ってきてくれませんか」

佳代子は、離婚の具体的な引き金になったのは何かについて最後まで重い口を開こうとしなかった。私は高校二年生の頃の、進次郎が笑みを浮かべた一枚のスナップ写真を佳代子に渡した。それを手にすると、佳代子は膝から崩れ落ち、

「進次郎、こんなに大きくなったの……進次郎」

と、あたりかまわず号泣した。

実姉・信子は陰の実力者

小泉純一郎が総理を辞し、政治家を引退する〇九年まで彼の事務所は衆院第一議員会館三二七号室にあった。

総理在任当時、この事務所とわずか数百メートルも離れていない首相官邸との間を、背筋を伸ばし、時に行ったり来たりする一人の女性がいた。身長は一六〇センチほど、痩せ型で薄く青みがかった大きめのサングラスをかけている。鼻梁《びりょう》が上向き、唇が薄いところは小泉に似ている。真っ黒い髪で洋服も黒っぽいパンタロンスーツが目立つ。髪形は〝稀代の美女〟、クレオパトラにも擬したボブヘアだ。夜ともなれば執務を終えた小泉の帰りを公邸（当時は東京・東五反田の仮公邸）で一人待つ。

この女性こそが、小泉純一郎の実の姉であり、政策秘書（当時）を務める小泉信子である。一九三八年三月生まれの七十七歳。弟の小泉は四二年一月生まれだから二人は四つ離れている。終戦の年はそれぞれ七歳と三歳だった。

しかし、わずか四つ違いとはいえ、信子は二十歳の頃から父・純也、そして弟の純一郎と代々秘書を務め政治経歴ははるかに積んでいる。永田町に信子の右に出る秘書はいない。

信子は元総理・福田赳夫、自民党元幹事長・安倍晋太郎の代から彼らのもとで苦楽を共にし、もっと遡れば清和会の源にあった元総理・岸信介が権力の座にいた頃から、信子は純也に仕え、権力抗争の場に身を置き、彼らの栄枯盛衰を目の当たりにしてきた。留学の名目でロンドンに行っていた小泉家の御曹司・純一郎が足元にも及ばない経験を持つ存在が姉の信子である。

しかし、彼女が表に出ることはない。ひたすら陰の存在だ。冒頭に触れた議員会館では度々こんな光景が見られた。

小泉が部屋に入ってくると、信子はそそくさと席を立ち小泉のいる窓側に面した奥の部屋に入ったきり、しばらく出てこない。二人が中で何の話をしているのか杳として知ることはできない。ようやく信子が出てくると、次に首相秘書館の飯島勲が部屋に入りその日の報告などをする。小泉にとって信子がいかに欠くことのできない存在かを物語る一端だ。

ベールに覆われた存在の信子――。父・純也の時代から小泉家を知る松野頼三《らいぞう》（元防衛庁長官、〇六年没）は、信子と純一郎の関係をこう語った。

「信子と純一郎は一体の関係。精神的にも一体。いちいち、何のかんの言わなくてもわかる。信子の存在は、いるだけで小泉にとってはかけがえのないほど大きい。信子が表に出ないのは、純也の時から、男は世間に顔向けができるように立てなくてはならないと育ってきたからだ。信子は、書かれないから信子だ。書かれてはならないんだ。書こうとするほうが、土台無理なんだ」

小泉信子とはいったいどのような女性なのだろうか。

小泉家は又次郎、純也、純一郎と三代にわたって政治家を出した家系である。信子は純也の二男四女の三女、信子のすぐ下の弟が純一郎である。

父・純也は三男六女の三男で、生家は網元だったが、純也十一歳の時に父親が死亡。母親が行商をしながら九人の子供を育てたという貧しい家に育った。上京した純也は政友会本部に勤め、小泉又次郎の書生になったのが縁で又次郎の娘・芳江と結婚。芳江との間に女の子が三人続き、やっと男の子、純一郎が生まれた時にことのほか喜んだのは又次郎だった。

小泉家を知る後援会元幹部が述懐する。

「純也さんは小泉家の血を絶やさないための男だった。芳江さんは衆院副議長まで務めた代議士の娘。釣り合いが取れない。でも、又さんは娘のために純也さんを離さないようにしようとしてか、横須賀の料亭で鰻を食わせ、もてなしていた。純也さんにしても、小泉家に入れば政治家になれるという野心はあっただろう。又さんは港湾事業を請け負う鳶《とび》の会社、『小泉組』をやっていた。仕事に厳しく、『何をやっているか』と怒鳴られ、頬を引っぱたかれた労務者は何人もいた。娘の芳江と孫、とりわけ純一郎を『俺の跡継ぎだ』と目に入れても痛くないほど溺愛した。又さんの直系は、純也さんではなく純一郎だった」

又次郎の背や腕には山と桜、真ん中に黒々と昇り竜の入れ墨が彫られていたという。近所で盆踊りや花火大会があると又次郎は鳶職人らを呼び、庭に櫓《やぐら》を組ませていた。幼い純一郎ははしゃぎ、こう言った。

「おじいちゃんの墨は風呂場で何回拭いても落ちないね」

日本で初めての女性秘書官

又次郎が八十六歳で死去したのは五一年、純一郎が小学三年生の時だった。

純也は出身地の鹿児島から出馬していたが、又次郎の死後、旧神奈川二区の地盤を継いで出馬し当選。純也は正月の三日間、小泉家を開けて近所の人や後援者らに酒を振る舞い、手作り料理で持てなすのが恒例だった。純也は上座に座ることもなく、誰の話にも耳を傾けた。

純也には郷里の鹿児島に帰るべき家がなかった。桜島から取り寄せた黒豚で作る煮込みダイコンに目がなかった。時にこう呟くことがあったという。

「俺は婿だからな」

一方、妻・芳江には又次郎の正妻の子ではないという来歴があった。

加藤勇著『小泉又次郎伝』（七二年、小泉又次郎伝刊行委員会）によると、又次郎の妻・綾部直子は横須賀の芸妓だった。中背、肉づきのいい、働きもので、政治家を志した又次郎を世に出すため、横須賀のドブ板通りで玉突き屋を経営することもあったという。しかし、又次郎と直子の間に子供はできなかった。又次郎がハツという名前の女性に生ませたのが芳江だった。

芳江は夫・純也、息子・純一郎の選挙に一切顔を出すことがなかった。後援会元幹部が言う。

「芳江さんは代議士の娘という気質の抜けない奥さんだった。純一郎が若い頃、夜遅くなってもＮＨＫに当選の速報が出ない。結局、最下位当選するんですが、その前に芳江さんはどこに行こうとしたのか、『落ちそうで見ていられないから車を呼んでちょうだい』と言うんですよ。歌舞伎を鑑賞したり、レストランで食事することが好きだった。三浦半島の漁民は生きのいい魚を小泉家に持ってくるんだが、芳江さんは刺身におろせない。鯖をしめられない。『父さん（又次郎）の代から家には何人もの書生や秘書がいたんですけどねえ』と言うのが口癖だった」

家を不在にしがちな父、地元巡りをすることもなく家事が不得手な母。古老が言う。

「信子と純一郎は又次郎の溺愛の後、父と母よりも小泉家の家政婦らに手をかけられて育ったと言ったほうがいい」

信子は、地元にあるカトリック系の名門・清泉女学院高校に入学した。当時の同級生は、こう述懐する。

「先生に名指しされると顔を赤らめるような、地味で控えめな生徒だった。小泉さんの家は〝女に学問は必要ない、学校に入らなくてもいい〟という家風だったらしく、大学進学を諦めるという話を彼女から聞いた記憶があります。小泉家は地元では名門の家。家長が代議士を辞めたら全員生活に困ってしまうような家でした」

高校卒業後、信子は前述のように父・純也の秘書になった。傍ら東京・千代田区にあるフランス語の専門学校「アテネ・フランセ」にも通った。信子が秘書になった時期は、岸信介が政権の座に就いた頃だった。父・純也はその岸派だった。

一九六〇年、安保闘争が始まった。

岸信介や外相・藤山愛一郎《あいいちろう》らによって、六〇年一月にワシントンで調印された新安保条約は二月、国会に上程された。しかし、国会は「極東の範囲」や「事前協議」を巡り紛糾。岸は五月十九日、衆院の質議打切りを強行、五月二十日未明にかけて警官隊を導入し、新安保条約を自民党単独で強行可決。これに抗議し六月十五日、全国で五八〇万人が安保反対運動に参加。国会前では学生が警官隊と衝突し、東大生・樺《かんば》美智子《みちこ》が死亡した。

信子は当時、二十二歳の秘書だった。大学に進めなかった信子が、国会議事堂を幾重にも取り囲む学生や労務者らのデモの渦に何を見たのかはわからない。

純也は岸に言われ、岸政権の外相・藤山愛一郎が立ち上げた派閥にも属した。事務所は東京・赤坂のホテルニュージャパン十一階にあった。スタッフは八人いて、その中の一人が信子だった。白いスーツの似合う、颯爽とした出立ちの女性だった。

岸信介と藤山愛一郎。戦後最大の大衆運動と言われる六〇年安保闘争の渦中で、安保を押し通したこの二人の実力政治家の下に身を置いたことは信子のその後の政治的な精神形成に少なからぬ影を落としたことは想像に難くない。

純也は六四年、池田勇人内閣（第三次）の防衛庁長官として初入閣する。六十歳になっていた。信子は二十六歳で秘書官に就く。彼女は日本で初の女性秘書官だった。

しかし、それから五年後の六九年八月、純也は肺ガンのため六十五歳で急死する。信子は三十歳を過ぎていた。当時慶応大学を卒業後、留学の名目でイギリスのロンドンに行っていた小泉は急遽帰国。旧神奈川二区から総選挙に立候補することになった。後援会幹部が当時の状況を説明する。

「ロンドンから帰ってきた純一郎は、何を勉強していたのやら、痩せていて政治の右も左もわからない男だった。後援会からは、キャリアウーマンの走りで爽やかなイメージの信子を担ぎ出そうという声が上がった。しかし信子は全く意に介さず、『何を言っているんですか』と一蹴、弟の純一郎に継がせることになった」

しかし、信子か純一郎かはすぐに決まったわけではない。母の芳江は知人に、「信子にするか、純一郎にするか、ずいぶん迷った。信子は（政治の）中のことを知っているしね」と言っている。

信子の高校の同級生はこう言う。

「純也さんが亡くなった時、信子に『あんたがやったら』と肩に手をかけたら、怒ったように『何言ってんのよ』と手で払われたんです」

ロンドン帰りの小泉では無理、という雰囲気が周りにあったのは否めない。結局、小泉で決まるものの逡巡する彼に「やるしかない」と背中を押したのは信子だった。

前述したように、六九年の最初の選挙で小泉は落選し、福田赳夫の秘書になった。大学紛争が激化し、一月には東大安田講堂に機動隊が出動、アメリカにベトナム反戦運動が広がった年でもある。当時の福田番記者によると、リーゼントの長髪で細身のズボンをはいた小泉が福田邸の玄関番をしていた。

七二年（昭和四十七年）の総選挙で小泉は初当選し、清和会に所属した。

「弟・純一郎を一人前の代議士にする」

信子の半生を言い表すと、その一言に尽きる。弟の秘書一筋に生きることを選んだ信子は、父の秘書として岸政権の頃から身をもって会得してきた政治家としての処世術の全てを、小泉に叩き込んだのだ。政治に素人同然だった小泉にかなうはずもない。

清和会の中で小泉が頭角を現すことができるようになったのは、信子自身が清和会の中で力を持っていたことと無関係ではない。信子は、小泉が陣笠代議士だった頃、既に派閥の秘書会のリーダー的な存在として采配を振っていた。

純一郎を操る信子

自民党総裁の椅子を巡って田中角栄と福田赳夫が争った角福戦争が起こったのは、小泉が初当選した七二年だった。小泉の師・福田は角栄に敗れる。そして六年後の七八年、福田は、今度は総裁予備選でまたしても角栄率いる田中派が支持した大平正芳に敗れるのだった。

二度にわたる苛烈な権力闘争。清和会の牙城だった東京の赤坂プリンスホテル二階に陣取って秘書らを束ねていたのが信子だった。無念の福田は後にこう書きとめている。
〈石原慎太郎、中川一郎両氏らが、引退表明の記者会見に行こうとする私の前に両手を挙げて立ちはだかり、止めにかかったものだ。しかし、私はこれらの諌止《かんし》を排して、記者用に潔い退陣の決意を表明した。「天の声にも、変な声がある」とつぶやいたのは、この時である〉（『回顧九十年』）
元防衛庁長官・松野頼三が述懐した。
「大平に敗れた時、福田は俺に『自分は正しいが、天の声に従うしかない』と言った。俺は『（総裁選の）本選に出ろ』と何度も言ったが、福田は『党内を混乱させたくない』と。皆、悔しくて泣いたさ。プリンス（福田）が（角栄の）一揆にやられたようなもんだからな。信子はもう古参秘書の一人だった。父・純也の代理人として岸信介や藤山愛一郎の下で仕事をしてきただけのことはあった。秘書から国会議員のスケジュールを聞いて、『あっち行け、こっち行け』と指示を飛ばしていた。秘書らも結束していた。小泉は福田の前でオロオロするばかりだったな。角栄への怨念を内に煮えたぎらせ、抱え込んだとすれば、それは信子だ。非常に力があった。信子は福田の憔悴しきった沈痛な表情を見ている。総裁選では福田と同じ群馬出身の中曽根康弘が角栄に行き、大平正芳に回った。裏切ったのだ。信子は人を裏切るか、裏切らないかで見る性分が身についた。弟の小泉はそもそも物を深く考えないし、怨念を身につけるほどの体験も蓄積もしていない」

父・純也が急逝した後、選挙に顔を出さない母・芳江に代わって「一家の主」として仕切ったのが信子だった。信子は、弟に純也の後継になるよう背中を押しただけではない。

「国会議員になったら、すぐに政治活動ができるように福田（赳夫）邸に通うんです」

小泉は最初の選挙に落選後、後援会幹部らを前にこう語ったという。

実際、信子と小泉は東京に通って横須賀の家を留守にし、選挙区のことは後援会に任せっきりだった。ある幹部は、落選したからこそ、なおさら世話になった家を巡るのが第一ではないかと説いても小泉は聞く耳を持たなかったという。

「右も左もわからない小泉が決めたことではない。信子の指図です。選挙は人がやるもの、小泉家は政治家になることばかりやっていればいい。必要なのは選挙民ではなく、福田の秘書をしたという肩書のブランド。信子の小泉への巣作りはこの名門意識から始まったんです」

小泉は前述したように二十二年前、身ごもっている妻・佳代子と離婚した。妻を取るか、姉ら家族を取るか、と迫る佳代子に対し小泉は、

「家族を取る。だって僕は家族がいなければ、選挙ができないからね」

と、言い放ったことがある。小泉の言う家族の代表は、突き詰めて言うならいつも一心同体の信子に他ならない。弟を抑え込み、他人を排し、陰で弟を操るまでの実権を持つ信子。かつてこ

の国の総理経験者にこのような深い関係の姉がいただろうか。

一つの逸話がある。

〇二年一月、小泉は外務大臣だった田中眞紀子を更迭した。その直前、信子は官邸に乗り込み弟を叱責した。

「眞紀子さんを何だと思っているの！　あなたが総理になれたのは眞紀子さんのお陰なのよ。眞紀子さんを辞めさせるなんて絶対許しません」

小泉自身、「眞紀子切り」に踏み切るまでにはかなり逡巡し、その一番の原因が「家族からの猛反対」にあったことを、大手新聞社の論説委員との懇談の席で認めている。

眞紀子更迭が引き金となり、小泉政権は支持率を急激に落とした。信子は、小泉の支持率が眞紀子人気に象徴される女性ポピュリズムによって支えられていることがわかっていたのだ。信子は小泉が総理になった頃、同級生らにこう吐露していた。

「総理といっても、どうせなれると思ってなったんじゃないから、やりたいことをやればいい。やりたいことができなくなれば、さっさと辞めるわよ。何も石に齧《かじ》りついてまで、総理の椅子に座っていたいとは、私も弟も思っていないんだから」

招かれざる客の三男

父・小泉純一郎と会えないまま十九歳（当時）になった三男が、小泉に会おうとしたことがあった。母・佳代子と育った三男は京都の私立大学の学生だった。

小泉は総理に就いて初の参院選のため二〇〇一年七月、京都に応援に来ていた。そのとき、三男は群衆をかき分けて小泉が演説している街宣車のそばまで近付いている。

しかし、三男は小泉に声をかけなかった。このときの心境を三男は、「いずれ（小泉と）会うことは、お互いに避けることのできない道だと思っています」と吐露している。

小泉は翌八月、静養のため神奈川県の箱根プリンスホテルを訪れていた。小泉はホテルに次男・進次郎を呼び、観衆に囲まれながらキャッチ・ボールに興じる場面があった。

一方、三男は一人でホテルに出向きフロントで、「小泉総理と連絡を取ってもらえませんか。僕は小泉の三男です」と申し入れている。すぐに小泉の義弟で秘書の鍋倉正樹（現小泉進次郎政策秘書）が現れた。

「僕が来ていることを総理に伝えてもらえませんか」

「総理は静養のため箱根入りしているんだから、連絡を取るのは難しい」

「僕は家族に内緒で一人で来ているんです」

人目を避け、このような会話が交わされた。

しかし、鍋倉は終始、「招かれざる客」とでもいうような突き放した、冷めた態度を崩さなかった。三男は、あるいは小泉から連絡があるのではないかとホテルで待った。結局、小泉から何の言葉もなかった。

三男が訪ねてきたことを、秘書の鍋倉が小泉に伝えないということはあり得ない。小泉は離婚当時、胎内にいた三男がたった一人で訪ねてきたことを知り、どのような感慨にとらわれただろうか。

小泉の母・芳江が享年九十三で逝去したのは〇一年十月だった。横須賀市内の葬祭場で営まれた告別式で小泉は、「私はどうにか首相になり、母は自分の務めは終わったとあの世で（父・純也と）逢瀬を楽しんでいるかもしれない」と悼んだ。

しかし、告別式の始まる直前、葬祭場の一隅が一時、騒然とした異様な雰囲気に包まれた。佳代子と三男の親子が弔問に現れ、前述の首相秘書官・飯島と秘書の鍋倉が慌てて立ちはだかったからだ。鍋倉は、三男の腕をつかみ、「どうして、ここに来たんだ」と、受付から追い出そうとした。

参列者はその光景に誰しも目を見張った。

「何てことをするのか。あの子（三男）は写真でしか知らないおばあちゃんの焼香に来たんじゃないか。純一郎にとって血の繋がった三男と初めて言葉を交わす、またとない機会じゃないか。葬儀の場ですら敷居をまたがせようとしないのか、小泉家は」

会場から、受付を拒まれた親子に同情する声がしきりに囁かれた。
鍋倉は受付から親子を連れ出すと、裏口から祭壇のある六階ではなく四階の控え室に入れた。
そこで、佳代子と鍋倉の間でこのような会話が交わされたという。
佳代子「私はお義母さんにお世話になりました。焼香に来るのは当然のことじゃないですか」
鍋倉「その必要はありません」
佳代子「あなたは秘書でしょ。何の権限があってそういうことをおっしゃるんですか」
鍋倉「……」
佳代子「私は総理・小泉の口から直接、帰れと言われるなら、ここから引き下がりますが、あなたに言われて帰るつもりはありません」
鍋倉「居直る気ですか」
　押し問答が続くそばで、三男は苛立ち、鍋倉にこう詰め寄っている。
「あなたは何を言っているんですか。『帰れ』とはどういうことか、言っていることの意味がわからない。僕は父方の祖母と血が繋がっている。あなたが僕の立場だったら、『帰れ』と言われて納得できますか」
　親子は鍋倉が席を外した後、控え室に一時間程足止めされていた。三男は憤懣《ふんまん》の持って行き場もなく、長机や椅子を激しく叩き、

「どうして、こうなんだ」

と、泣き崩れた。

結局、親子が六階の祭壇の前に立ったのは、一般の弔問客が帰り、人気もまばらになってからだった。祭壇の脇には喪主の小泉が立っていた。献花を終えた親子に、小泉は一言の言葉もかけることがなかった。

初出一覧

〈血脈1　安倍晋三〉
「週刊現代」二〇〇六年八月十九・二十六日号
「週刊現代」二〇〇六年九月二日号
〈血脈2　竹下登〉
「週刊現代」一九九三年二月十三日号
〈血脈3　青木伊平〉
「現代」一九九三年一月号
〈血脈4　金丸信〉
「週刊現代」二〇〇八年十二月二十日号

〈血脈5　赤城徳彦〉
「週刊現代」二〇〇七年七月二十一日号
「週刊現代」二〇〇七年八月十一日号

〈血脈6　小渕恵三〉
「週刊現代」二〇〇〇年二月十二日号
「週刊現代」二〇〇〇年五月二十七日号

〈血脈7　青木幹雄〉
「現代」二〇〇六年二月号
「現代」二〇〇六年三月号

〈血脈8　角栄と佐藤昭子〉
「現代」二〇〇二年十月号

〈血脈9　小沢一郎〉
「文藝春秋」二〇一〇年五月号
「週刊文春」二〇一二年六月二十一日号
〈血脈10　小泉純一郎〉
「週刊現代」二〇〇一年七月二十一日号
「週刊現代」二〇〇一年七月二十八日号
「週刊現代」二〇〇一年八月十八・二十五日号

各章とも、前掲の記事に大幅に修正・加筆をした。

二〇一四年十二月

松田賢弥

著者略歴

一九五四年、岩手県北上市に生まれる。ジャーナリスト。『週刊現代』『週刊文春』『文藝春秋』などを中心に執筆活動を行う。「『愛人』『隠し子』も綴られた便箋11枚の衝撃 全文公開 小沢一郎 妻からの『離縁状』」(『週刊文春』二〇一二年六月二十一日号)で、「第19回 編集者が選ぶ雑誌ジャーナリズム賞」の大賞を受賞。

著書には『闇将軍—野中広務と小沢一郎の正体』『無情の宰相 小泉純一郎』『逆臣 青木幹雄』『小沢一郎 虚飾の支配者』『角栄になれなかった男 小沢一郎全研究』(以上、講談社)、『小沢一郎 淋しき家族の肖像』(文藝春秋)などがある。

権力者《けんりょくしゃ》 血脈《けつみゃく》の宿命《しゅくめい》

——安倍《あべ》・小泉《こいずみ》・小沢《おざわ》・青木《あおき》・竹下《たけした》・角栄《かくえい》の裸《はだか》の実像《じつぞう》

二〇一五年一月一二日 第一刷発行
二〇一五年二月 六 日 第二刷発行

著者 松田賢弥《まつだけんや》

発行者 古屋信吾
発行所 株式会社さくら舎 http://www.sakurasha.com
東京都千代田区富士見一-二-一一 〒一〇二-〇〇七一
電話 営業 〇三-五二一一-六五三三 FAX 〇三-五二一一-六四八一
編集 〇三-五二一一-六四八〇 振替 〇〇一九〇-八-四〇二〇六〇

装丁 石間 淳
写真 共同通信社
図版製作 朝日メディアインターナショナル株式会社
印刷・製本 中央精版印刷株式会社

ISBN978-4-86581-000-4